NEW

[제3개정판]

# 호텔조리 실무영어

## Practical Training of Culinary English

김상철 · 강원철 · 김경환 · 박인수 · 안종철 · 안형기
오승우 · 이자재 · 정중근 · 정진구 · 최태호 · 하대중

㈜지구문화
JIGU CULTURE Co.Ltd

# 일러두기

본 서는 글로벌 시대를 맞이하여 기능인으로서의 조리 및 영어실력을 동시에 향상시키고자 하는 목표 아래 다음의 방법을 참고하여 원하는 목적을 단계적으로 이룰 수 있도록 집필하였습니다.

1. **단어암기** : 영어는 단어가 모여 문장을 구성하고 있기 때문에 각 단원에 나오는 생소한 단어들은 반드시 정리하여 발음과 뜻을 미리 암기하시기 바랍니다.
2. **문장외우기** : 단어가 어느 정도 암기가 되었으면 문장으로 전환하여 외우기를 해야 하는데, 가령 "물을 끓이시오."라는 한글 문장이 곧바로 "Bring to a boil."라는 영어 문장으로 인식되어야 하는 것입니다. 물론 읽기(Reading)와 쓰기(Writing)도 동시에 가능해야 합니다.
3. **요리방법 및 과정 순서별로 이해하기** : 요리는 과정(Step)으로 되어 있기 때문에 단계별 요리과정을 이해하여야 합니다. 예를 들어서 스파게티를 삶는 모습을 연상하면 다음의 과정으로 요리합니다.

   **첫째,** 찬물을 끓인다.
   **둘째,** 물이 끓을 때, 면을 넣고 오일(혹은 올리브유)을 넣는다.
   **셋째,** 속심이 조금 남아 있을 때(al dente) 불을 끄고 면을 꺼내어 식힌다.
   **넷째,** 표면이 마르지 않도록 오일로 가볍게 표면을 발라준다.

   이렇게 우리말 순서에 따라 영어로 옮기게 되므로 요리과정을 이해하면 쉬워집니다.
4. **복잡한 문장 구성 및 이해** : 영어는 간단한 문장에서 점차적으로 복잡한 문장으로 전환되기 때문에 복잡한 문장을 외우기 위해서는 '단어암기', '간단한 문장암기', '간단한 문장 상호연결' 등의 과정이 반드시 필요합니다.
5. **요리원서 탐독** : 이 과정은 최고의 높은 단계로 영어원서로 공부하는 것입니다. 익숙해지면 번역서보다도 원서로 보는 것이 더욱 이해가 잘됩니다. 조리원서는 국제적 마인드를 형성할 수 있으며, 훗날에 영어권 국가로 유학, 연수 및 취업을 생각하고 있다면 이 방법이 필자가 권할 수 있는 가장 최선의 방법입니다.

I will keep my fingers crossed for you!

무술년 새 봄에

저자대표 식품학박사 김 상 철

# 차례



## PART I Basic Knowledge on Cooking 기초 요리 기술

## PART II Cooking Method 요리 방법

## PART IV Food Materials 식품 재료

### CHAPTER 6 재료 명칭 · 57



### CHAPTER 7 허브와 스파이스 · 65



## PART V Taste & Expression 맛과 표현

### CHAPTER 8 맛에 대한 표현 · 71



### CHAPTER 9 유용한 표현 · 77

# PART VI Study of Menu Course
# 코스 메뉴 실습

## 코스메뉴 실습 • 91



## CHAPTER 1 전채 요리 • 97



## CHAPTER 2 스톡 • 116



## CHAPTER 3 수프 • 124

# PART VII World Cuisine 세계의 요리

## CHAPTER 2 한국 요리 • 287



## CHAPTER 3 서양 요리 • 306



# PART Ⅷ Korean Traditional Cuisine 한국 전통 요리

## CHAPTER 1 한국 요리의 표준화 • 339



## CHAPTER 2 한국 음식의 영문표기 • 363

# PART Ⅰ

# 기초 요리 기술

## Basic Knowledge on Cooking

ractical Training of Culinary English

Practical Training of Culinary English

# CHAPTER 1 자르기 및 썰기 용어 (Cutting Terminology)

*Objetect of the study*

서양식 요리의 모형별 썰기 종류를 이해한다.



## 다양한 썰기방법

### 1. 가늘고 길게 썰기

재료를 가늘고 길게 채 써는 작업이다.

**(1) 줄리안느**(Julienne)

Julienne is a cut into long thin strips. Another name is shoe string (구두끈 모양).

- 길이는 2.5~5cm, 너비는 0.15cm 정도 되는 가는 네모 막대형의 야채 썰기 형태이며, 당근, 무, 감자, 셀러리 등을 조리할 때 자주 쓰인다.

### (2) 알뤼메트(Allumette)

Allumette is like a matchstick-sized cut way, 3 mm × 3 mm × 5 to 6 cm long, used for potatoes and carrots.

- 가로, 세로 및 길이가 각각 3 mm × 3 mm × 5~6 cm의 성냥개비 크기 정도 채썰기이다.

### (3) 바토우나이(Batonnet)

Batonnet is measuring ½ inch × ½ inch × 2 ½~3 inches long.

- 1.3 ×1.3 × 6cm 두께로 길게 썰며 알뤼메트보다 가로 및 세로가 더 길다.

Dice

Julienne

Slice

## 2. 주사위 모양 썰기

정육면체를 기본으로 한다.

### (1) 브뤼누아즈(Brunoise)

It is a measuring ⅛ inch × ⅛ inch × ⅛ inch.

- 0.3 × 0.3 ×0.3 cm 정도로 가장 작은 정육면체 썰기이다.

### (2) 스몰 다이스(Small dice)

A cut measuring ¼ inch × ¼ inch × ¼ inch.

● 한 면이 각각 0.6cm 정도 되는 정육면체의 네모썰기로 브뤼누아즈 다음으로 작은 크기이다.

### (3) 미디엄 다이스(Medium dice)

Measuring ½ inch × ½ inch × ½ inch.

● 한 면이 각각 1.3cm 정도 되는 정육면체의 네모썰기이다.

### (4) 라지 다이스(Large dice)

Measuring ¾ inch × ¾ inch × ¾ inch.

● 네모썰기 중 가장 큰 형태로 한 면이 2cm 정도 되며, 큐브(Cube) 썰기라고 한다.

### (5) 콩카세(Concasse)

Tomato concasse mostly refers to tomatoes, peeled, seeded and dice shaped chopped.

● 토마토 껍질을 벗긴 다음 씨앗을 제거하고 가로, 세로 각 0.5cm 정도의 크기로 써는 것이다. 씨앗은 약간 써서 요리에 부적합하며 껍질은 질겨서 소화가 용이하지 않기 때문에 제거한다.

## 3. 부정형 썰기

특별한 모양이 없는 형태이다.

### (1) 찹(Chop)

Chop is a cutting way in the kitchen. For example of onion, Cut in halves first, and push the knife into the inside of onion, bottom of root un-cut, and then slice.

● 재료를 아주 잘게 썰 때, 특히 양파의 경우 반으로 자른 다음, 뿌리의 반대쪽 끝까지 썰지 말고 칼집을 준 다음 다시 잘린 면을 수직으로 자르면 균일한 크기가 나온다.



### (2) 슬라이스(Slice)

The most common cutting way of food materials.

ex) Slice the bread.

● 가장 일반적으로 얇게 써는 방법이다. 양파, 당근, 고기 등을 썰 때 이용된다.

### (3) 페이상(Paysanne)

● 채소를 써는 방법으로 장방형(다이아몬드형)으로 얇게 썬다.

### (4) 샤토(Chateau)

● 프랑스말로 성(城)이라는 뜻이며 타원형으로 각각의 면이 나타나도록 양끝을 자르는 오크(Oak)통 모양이며, 당근, 무, 감자, 호박 등에 사용한다. 예를 들어 '샤토캐럿' 은 당근을 샤토 모양으로 자르는 것을 말한다.

### (5) 올리베트(Olivette)

● 샤토와 비슷한 형태이나 양끝이 뾰족한 올리브 모양이며, 주로 감자나 당근 등을 가니쉬로 사용할 때 이용된다. 만드는 데 비교적 시간이 소요된다.

ex) Olivette carrot

### (6) 파리지엥(Parisienne)

● 둥글고 작은 구슬형으로 스쿠프(Scoop)나 볼러(Baller)를 이용하며, 둥글게 돌려가면서 떼어낸다. 고명이나 모양, 장식을 할 때 이용된다.

### (7) 터닝(Turning)

● 돌리면서 모양을 내는 것으로 사과 등의 과일을 깎거나 삶은 감자(Boiled potatoes) 등에 이용된다. 초보 조리사들이 먼저 익혀야 할 기본적인 기능이다.



## Check

1. Scope를 이용하여 동그랗게 볼(Ball)을 파내는 방법은?
2. 칼을 이용하여 돌려가면서 깎는 자르기 방법은?
3. Chop이 자주 사용되는 채소의 명칭은?
4. 한국어로 '채썰기' 를 영어로 무엇이라 하는가?
5. 한국어로 '깍뚝썰기' 를 영어로 무엇이라 하는가?

## For Exercise

**※ 다음은 'Chef's knife'에 대한 글이다. 한글로 번역하라.**

A chef's knife is another name of French knife, It is a cutting knife used in food preparation. The use of chef's knife is to slice vegetables and disjoint large cuts of meats in small pieces.

# CHAPTER 2 약어, 미터법과 파운드법의 환산

**Object of the study**

재료의 양을 측정할 때 필요한 약어(약자)의 이해로 재료의 소요량을 파악하며, 국제적으로 표준화되어 있는 미터법과 파운드법의 상호 환산관계를 이해한다.



● 원서 레시피에는 경우에 따라 미터법과 파운드법이 동시에 사용되므로, 이를 포괄적으로 이해해 요리 계량 시 적용하여야 한다.

## 1. 약어(약자)의 표기

(1) ea : each(개, 개수)

ex) 1 ea of bay leaf(월계수잎 하나)

(2) kg : kilogram(킬로그램)

(3) gr : gram(그램)

(4) lL : liter(리터)

(5) mL : milliliter(밀리리터)

(6) pc : piece(조각, 쪽)

ex) 1 piece of apple

(7) ph : pinch(조금, 약간), 엄지와 검지 사이의 양으로 소금, 설탕 등의 분말을 측정

ex) pinch of salt

(8) sl: slice(슬라이스)

ex) slices of onion

(9) cl: clove(조각, 쪽)

ex) a clove of garlic(마늘 한 조각)

(10) lb: pound(파운드)

(11) oz: ounce(온스)

(12) c: cp: cup(컵): C=240g

(13) tbs(혹은 T): tablespoon(큰 숟갈)

(14) ts(혹은 t): teaspoon(작은 숟갈)

(15) bn: bundle, bunch(다발, 묶음)

ex) a bundle of celery

(16) L.: Large, M.: medium. S: Small)

ex) 1 M. Carrot(중간 크기의 당근 1개)

(17) inch: 1인치=2.54cm



## 2. 계량단위 환산기준(미터법과 온스법)

| | |
|---|---|
| • 1/2 oz = 14 grams | • 3/4 oz = 21 grams |
| • 1 oz = 28.3 grams | • 2 ozs = 57 grams |
| • 10 ozs = 283 grams | • 1 teaspoon = 1/3 tablespoon |
| • 1 tablespoon = 15mL | • 1 tablespoon = 3 teaspoon |
| • 1 cup = 8ozs = 0.23liter = 230g | • 1 gallon = 4 quart = 16 cup |
| • 1 pint = 470 mL = 약 2cup | • 1 lb = 453 grs, 2lbs = 905 grams |

## 3. 화씨와 섭씨의 상관관계

- 섭씨(℃)에서 화씨(°F)로 변환 : (섭씨 * 1.8) + 32
- 화씨(°F)에서 섭씨(℃)로 변환 : (화씨 − 32) / 1.8

Q : 물의 온도가 100℃이다, 화씨로는 몇 도인가?

A : °F=(100×1.8)+32=212

## Check

**※ 아래 빈칸을 채워라.**

1. 1C=(        g)
2. 1T=(        t)
3. 1L=(        g)
4. 1oz=(        g)
5. 50℃=(        °F)

Pinch of salt

A bundle of parsley

A clove of garlic

## For Exercise

※ 다음은 Basic Cream Soup의 재료이다. 알맞은 답을 쓰시오.

1. ½ cup butter → (            g)
2. 6 tablespoons all-purpose flour → (            g)
3. 2 cups milk → (            mL)
4. 2 oz chicken stock → (            mL)
5. ground black pepper to taste → (            of black pepper)

# PART Ⅱ

# 요리 방법

# Cooking Method

ractical Training of Culinary English

Practical Training of Culinary English

# CHAPTER 3 요리 방법 (Cooking Method)

*Objetect of the study*

여러 가지 요리법을 터득하여 요리 원서를 접할 때 해독 가능한 레벨을 갖추는 데 있다. 이를 바탕으로 모든 메뉴를 이해하여 국제적으로 표준화된 조리사 양성을 목표로 삼는다.



## 조리방법의 종류

### 1. Blanch

Blanching is plunged into boiling water, removed after a brief interval, and finally soaked into iced water or placed under cold running water.

- 야채 등을 끓는 물에 순간적으로 넣었다가 건져 흐르는 찬물에 헹구는 조리방법으로 냄새 제거, 조직 연화 및 재료 고유의 색상을 선명하게 하는 역할을 한다. 처음부터 물과 함께 끓일 경우 야채, 고기세포가 열려 맛이 손실될 우려가 있으나, 뜨거운 물에 데칠 경우 세포막이 열리지 않으므로 맛을 보존할 수 있다.

Steaming

Blanching

Boiling

## 2. Poach

Poaching is gently simmering food in liquid such as water, milk, stock or wine.

● 포칭은 액체에서 서서히 내용물을 익히는 조리방법이다. 달걀 또는 생선 등을 비등점 이하에서 끓이는 방법으로 식품이 건조해지거나 딱딱해지는 것을 방지해 준다.



## 3. Boil

Boiling is the rapid vaporization of a liquid, which occurs when a liquid is heated to the boiling point.[1)]

● 보일링은 물이나 Stock 속에서 액체를 비등점까지 끓이는 방법으로 Pasta, Rice, Dry Vegetable 조리에 주로 사용한다.

## 4. Simmer

Simmering is a food preparation technique in which foods are cooked in hot liquids kept at or just below the boiling point of water, but higher than poaching temperature.

1) 비등점

● 시머링은 비등점 이하에서 요리하는 방법으로 포칭온도보다는 높다. 보일링까지 하다가 불을 약간 줄여 요리하는데, 온도는 94℃ 정도이다.

## 5. Steam

Steaming is a method of cooking using steam. Steaming is considered a healthy cooking technique and capable of cooking almost all kinds of food.

● 밀폐된 용기 내에서 증기압을 이용해 재료를 찌는 조리 방법이다. 식품 고유의 맛을 유지할 수 있다는 장점이 있다.

## 6. Fry

### (1) Pan Fry (Shallow)

Pan frying is a form of frying characterized by the use of minimal cooking oil or fat typically using just enough oil to lubricate the pan

● Pan에 소량의 기름, 버터를 사용하여 편평한 팬에서 볶는 요리법이다.

### (2) Stir Fry

Stir frying is an act of frying food in a wok and stirring it while it cooks in a wok while stirring in mostly in Chinese cuisine.

● 스터 프라이는 중국요리에서 많이 이용하며 팬에서 기름으로 볶으면서 요리하는 방법이다.

### (3) Deep Fry

Deep frying is a cooking method in which food is submerged in hot oil or fat. This is normally performed with a deep fryer or chip pan.

● 식품재료를 기름에 잠기게 해 조리 중 기름 온도가 강하하지 않도록 식품량을 적당하게 조절하여 튀기는 요리법이다. 기름 온도가 너무 낮으면 재료가 기름을 흡수해 버린다.

## 7. Grill or Broil

Grilling(or Broiling) is a method of cooking that involves dry heat[2] applied to the surface of food. Food to be grilled is cooked on a grill[3](an open wire grid), or griddle[4].



● 그릴링은 식품의 표면에 건식열을 이용하여 요리하는 방법으로 그릴(석쇠)이나 그리들(번철)을 이용하며 직접 열로 하기 때문에 바비큐나 구이에 적합하다. 특히 숯(Charcoal)을 사용할 경우 음식에 특유한 맛을 더한다.

고기 두께가 얇을수록 온도는 높아야 하며 두꺼울수록 온도는 낮아야 한다. 그릴링은 가열된 금속의 표면에 대고 굽는 방법으로 간접적으로 익히는 방법이고, 브로일링은 석쇠 위에 얹어 불꽃에 직접 닿게 하여 굽는 방법이다.

## 8. Gratin

Gratin is a French culinary word and cooking technique in food preparation in which  ingredients are topped with a cream, cheese, egg and butter.

---

2) 건식열은 재료에 직접적으로 열을 가하는 방식이고, 습식열은 습기를 가진 열을 재료에 가하여 대류(convection) 또는 전도(conduction) 방식으로 조리하는 것이다.

3) 석쇠

4) 번철

● 그라탱은 마무리 요리 방법으로 크림, 치즈, 달걀 및 버터 등을 요리 위에 놓고 열을 이용하여 표면을 갈색화하는 요리법이다. 프랑스 요리에서 시작되었다.

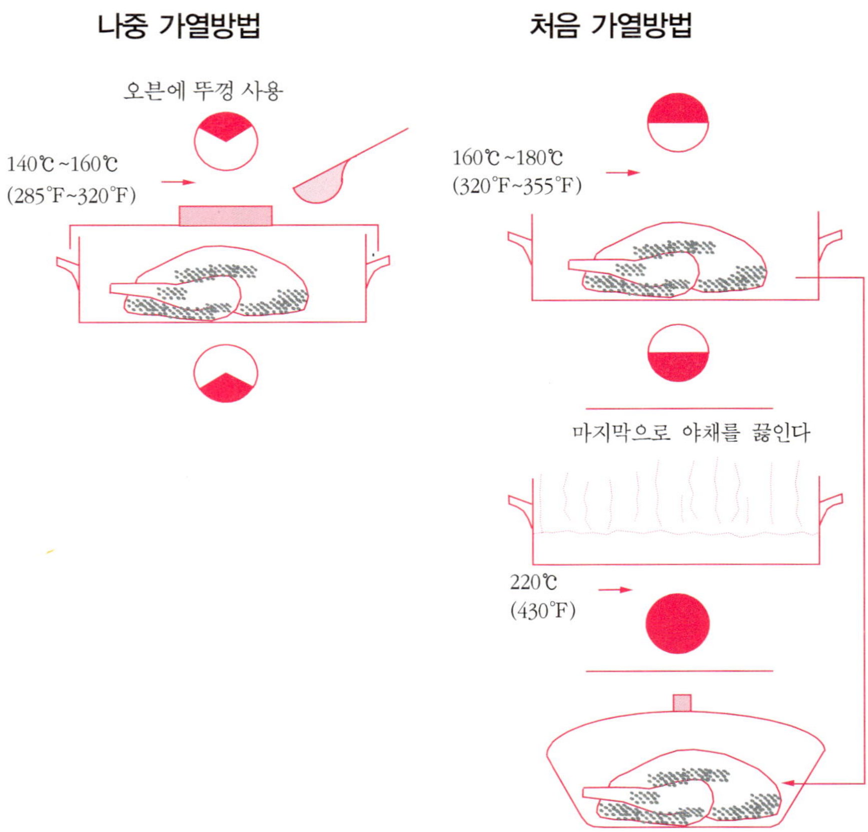


## 9. Braise

Braising is a mixed cooking methods by moist and dry heat. The food is first seared[5] at a high temperature and simmered in a lower heat with a moderate amount of liquid.

● 브레이징은 습식 및 건식열을 동시에 이용하는 데, 고온에서 재료를 그슬린 다음 적정량의 액체를 넣고 Pot에서 뚜껑을 덮고 요리하는 방법이다.

5) (음식의 표면을) 고온에서 그슬다.

## 10. Bake

Baking is the technique of food cooking by dry heat by convection[6], generally in the oven.

● 건식열을 이용하여 요리하는 방법으로 오븐에서의 요리법이다.

## 11. Roast

Roasting is a cooking method by dry heat, an open flame or in an oven.

● 로스팅은 건식열을 이용하며 화염이나 오븐을 사용해 기름을 계속 칠하면서 굽는다. 소고기, 닭, 칠면조, 양다리 구이 등에 사용한다. 덩어리째 굽는데 재료의 표면에 있는 지방질이 녹아 고기 내부로 스며들어 맛을 더해준다.



## 12. Glaze

Glaze or glazing is a thin shiny coating of food surface, or the act of applying the coating.

● 표면에 코팅을 입히는 요리법으로 Sugar, Butter, Water 또는 Stock을 야채에 첨가한 다음 뚜껑을 덮고 약한 불에서 서서히 졸인다. 물기가 거의 증발한 다음 뚜껑(Lid 혹은 Cover)을 열고 계속 흔들어 준다. 당근이나 무 등에 적합하다.

6) 대류: 차가운 열과 더운 열이 만나면 균형을 맞추기 위하여 서로 이동하는 작용

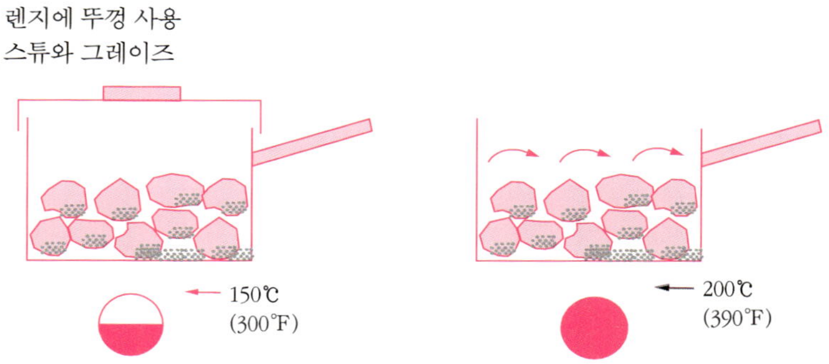


## 13. Whip

Whipper나 Pork를 사용하여 빠른 속도로 Foam을 내고 공기를 함유하게 하는 방법으로 Egg White 또는 Whipping Cream의 거품을 낼 때 쓰는 방법이다.

## 14. Blend

두 가지 이상의 Ingredients가 잘 혼합될 수 있도록 Blender를 이용하여 Mixing하는 방법이다.

## 15. Smoke

Smoke를 사용하여 독특한 Flavor와 저장성을 더해 주는 방법으로 Ham, Sausage, Bacon과 Smoked Salmon 등 생선류에 사용된다.

## 16. Stew

Pan이나 Pot를 이용하여 낮은 온도로 서서히 조리는 방법으로 Meats, Vegetables에 사용하는 조리법이다. 고기나 야채 등을 큼직하게 썰어 기름에 볶은 후 육수를 넣어 걸쭉하게 끓이는 방법으로 우리나라의 갈비찜과 같은 조리법이다.

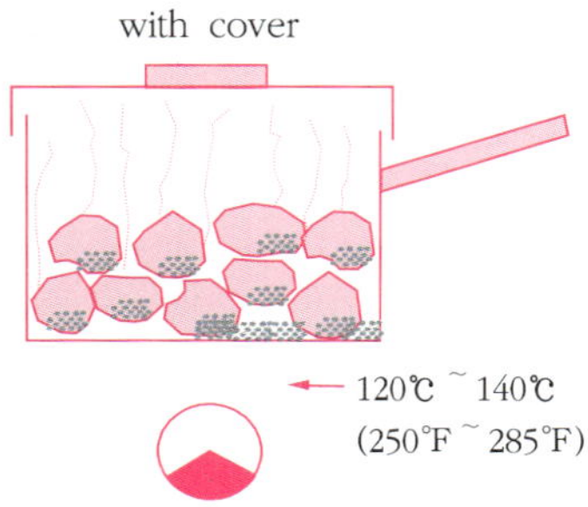

Gratin pizza

Grilled fish

Roasted beef



## Check

**※ 아래 빈칸을 채우시오.**

1. 오븐스파게티는 어떤 요리법을 이용한 요리인가?

2. 스튜요리의 특징을 나열하라.

3. Blanch는 어떤 요리를 할 때 주로 사용하는가?

# PART Ⅲ

# 주방 장비

# Kitchen Equipment

ractical Training of Culinary English

# CHAPTER 4 주방 장비 (Kitchen Equipment)

*Objetect of the study*

조리에 필요한 장비는 조리사가 원하는 형태의 요리를 만드는 데 도움이 된다. 적당한 요리 기구를 이용하면 시간, 돈 그리고 에너지를 절약할 수 있다.



● 조리용 장비는 에너지와 비교적 큰 공간을 필요로 하며, 고정된 형태로 사용된다. 공급되는 에너지에 따라서 전기, 가스 및 스팀을 사용하는 장비로 나눠지며, 준비 단계용, 보관 및 저장용 장비, 그리고 요리용 장비 및 서빙용 장비 등으로 구분된다.

## 1. 준비용 장비

재료가 우선 입고되면 요리단계 이전에 재료의 양을 측정하거나 물로서 오염된 것을 세척하거나 요리를 용이하게 하기 위하여 재료를 자르고, 분쇄하는 등의 1차 전처리가 필요하다. 이를 위하여 다음 장비가 이용된다.

### (1) Scale

입고되는 재료의 검수를 위하여 정확한 주문량이 입고되었는지를 측정하는 계측용 도구이다. 아날로그와 디지털 저울이 있다.

Analouge Scale

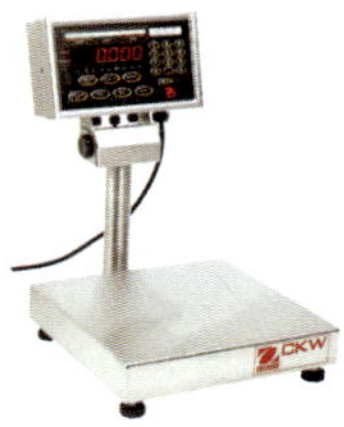

Stand Type Digital Scale

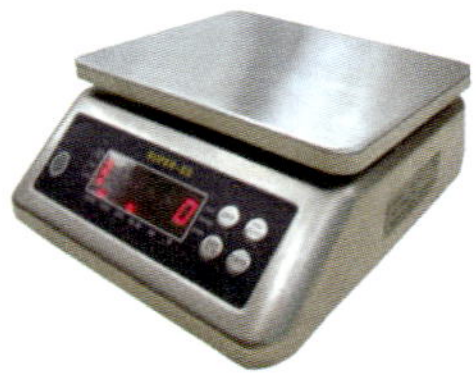

Desk Top Digital Scale

### (2) Work Table (Working table)

작업대는 스테인리스스틸(Stainless Steel) 강판으로 주문에 의하여 제작되며 일반적으로 표준화된 규격을 사용한다. 가장 간단한 작업대부터 시작하여 밑에 캐비닛(Cabinet)이 있는 작업대, 이동용 작업대, 밑에 선반이 부착된 작업대 등 종류가 많다.

Work Table

Work Table with Cabinet

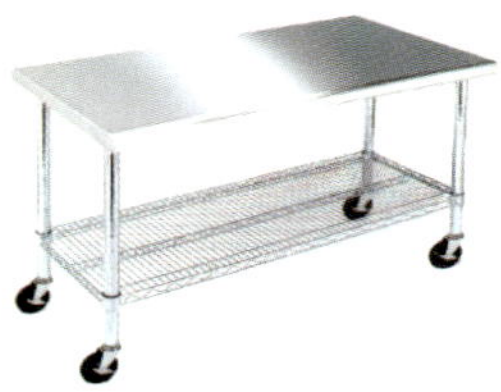

Work Table with Shelf

### (3) Steam Table (Hot Table, Bain Marie Pot Table)

요리작업대의 전·후면에 배치시켜 항시 일정한 온도를 유지시켜 주며, 중탕으로 각종 소스, 수프 또는 야채를 보관하여 고객에게 음식물이 뜨겁게 나갈 수 있도록 하는 테이블이다.

### (4) Cold Table (Sandwich Table, Cold Cabinet)

요리 작업대 겸 냉장기능을 동시에 병행하는 테이블로 재료를 항시 차갑게 유지시켜 준다. 주로 전채, 후식, 차가운 소스, 과일, 채소 등을 넣어두는 곳으로 고객에게 음식물이 차게 나갈 수 있도록 하는 테이블이다.

### (5) Sink Unit

싱크대는 물을 사용하여야 하므로 상수와 하수는 반드시 배관과 연결되어야 한다. 개수구의 숫자에 따라서 1구, 2구, 3구 등이 있으며 용도에 따라서 생선용 싱크, 세척용 싱크, 보조 작업대(Spreader, Side Table) 등 여러 종류가 있다.

2 Bowl Sink w/shelf

4 Bowl(well) Sink

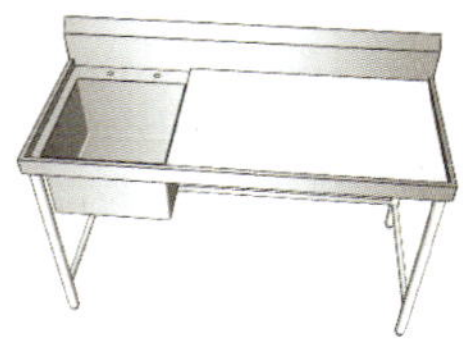

Sink with Work Table

## 2. 가공용 장비

재료를 요리 직전에 원하는 형태로 미리 만들어 일을 세분화하고, 작업시간을 단축시켜 능률을 올리기 위해 사용한다. 호텔에서는 주로 부처숍(Butchery Shop)에서 사전처리를 하여 개별 주방(Outlet Kitchen)으로 주문에 의하여 재료가 이동된다.

### (1) Food Slicer (Slicing Machine)

각종 재료를 얇게 썰 수 있는 기기이다. 고기를 써는 것(Meat Slicer)과 야채를 써는 것(Vegetable Slicer)으로 분류되며 칼날이 회전하기 때문에 안전에 주의를 요한다.

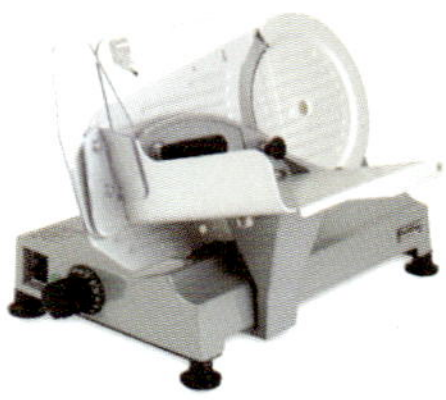

Food Slicer

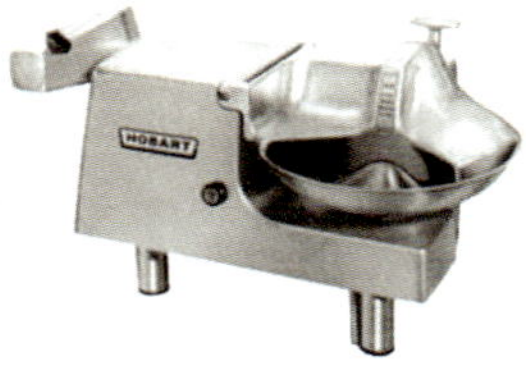

Food cutter

Meat Grinder

## (2) Food Cutter

분쇄된 재료를 믹싱(Mixing)하는 기계로 주로 파혜(Pate), 테린(Terrine), 갈란틴(Galantin), 덤플링(Dumpling) 제조 시 혼합반죽을 만들 때 사용한다. 큰 업체나 호텔에서는 Cutter Mixer가 이용되기도 한다.

## (3) Meat Grinder (Mincer)

덩어리 재료를 넣어서 잘고 가늘게 분쇄하는 기계로 흔히 정육점에서 볼 수 있으며 일명 '민찌기' 라고 한다. 육류(소, 돼지고기 및 닭 등) 및 생선류를 잘게 간다. 그라인딩(Grinding)과 민싱(Mincing) 역시 거의 같은 방법이다.

Cutter Mixer

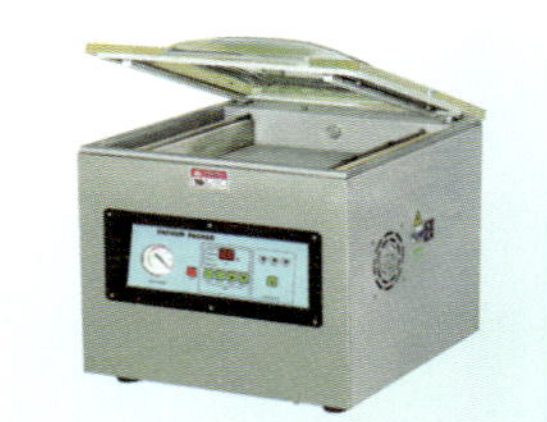

Vacuum Packer

Sausage Stuffer

## (4) Cutter Mixer

소시지 반죽, 어묵 등의 가공용 육제품을 만들 때 사용하는 혼합반죽기로 갈은 고기에 갖은 양념(Condiment) 및 스파이스(Spice)를 넣고 골고루 반죽하는 기계이다.

### (5) Vacuum Packer (Vacuum Packing Machine)

만든 제품을 진공포장할 필요가 있을 때 사용하는 기계로 제품의 장기보관 및 변색 및 탈색을 방지하고 풍미를 지속적으로 보관하는 데 도움을 주는 기계이다.

### (6) Sausage Stuffer

소시지를 만들 때 혼합반죽을 원통형에 넣어 필요한 형상을 만드는 기계로 일명 '충진기' 라고 한다. 모닝소시지, 프랑크푸르트 소시지 등 색상 및 모양에 따라서 여러 종류의 소시지를 생산한다. 이렇게 만든 소시지는 필요에 따라서 삶기도 한다.

### (7) Smoking Box

훈제(훈연)할 필요가 있을 때 사용하는 장비로 냉훈 및 온훈법이 사용된다. 모든 육류 및 생선류가 가능하다.



### (8) Meat Tenderizer

고기를 부드럽게 하기 위하여 칼집을 내는 기계를 말한다. 국산품도 널리 보급되었다.

## 3. 제과용 장비

각종 빵이나 케이크용 반죽을 만들고 발효를 시키고 굽는 모든 장비이다.

### (1) Mixer

제과 · 제빵점이나 베이커리숍에서 많이 사용한다. 빵, 케이크 및 쿠키를 만드는 데 필요한 반죽을 만들 수 있는 기계이다. 모양 및 용도에 따라서 세분화된다.

① Table Type Mixer

소형 혼합기로서 탁상이나 테이블 위에 올려 놓고 소량의 식재료를 믹싱하거나 거품을 내는 데 주로 이용된다. 이동이 쉬우며 무게가 가볍고 소량의 반죽 만들기에 적합하다.

② Bench Type Mixer

대형 믹서로서 바닥에 수평으로 설치하여 반죽을 만드는 데 사용한다. 일명 버티칼믹서(Vertical Mixer)라고 하며 주로 중 · 소규모 제과점에서 케이크 반죽 및 빵 반죽을 만들 경우에 사용한다.

③ Spiral Mixer

스파이럴 믹서(나선형 믹서)는 나선형 훅이 내장되어 있어 프랑스빵(French Bread)이나 토스트 브레드(Toast Bread) 같은 반죽이나 글루텐 형성 능력이 떨어지는 밀가루로 빵을 만들 때 적합하다.



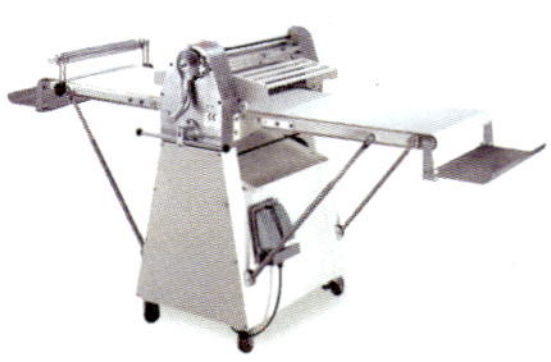

Dough Sheeter (Pie Roller)

Bench Type Mixe

rProofer

Dough Divider

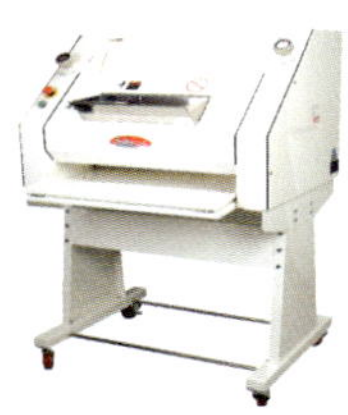

French Bread Moulder

Ice Cream Machine

## (2) Proofer

반죽을 발효시키는 발효기로 일정 온도 · 습도를 유지해야 한다.

### (3) Dough Sheeter

처진 반죽을 편평하게 펴는 '다리미' 같은 역할을 한다. 롤러(Roller)의 간격을 조절하여 반죽의 두께를 조절하며 밀어 펼 수 있는 기계로 페스트리(Pastry) 반죽을 만들 때 많이 사용한다.

### (4) Dough Divider (Pastry roller)

반죽을 분할하여 둥글게 해주는 기계로서 소프트롤(Soft Roll), 하드롤(Hard Roll) 등의 롤 종류를 분할 및 둥글리기 할 때에 사용된다.

### (5) French Bread Moulder

일정한 양의 반죽을 분할해 기계에 넣고 조작하면 원하는 길이와 굵기로 말아주는 기계로서 길이를 요하는 빵에 사용된다.

### (6) Ice Cream Machine (Maker)

원하는 아이스크림의 제조방법에 따라 식재료를 계량하여 살균 · 소독 탱크에 넣고 냉각시킨 후 회전냉각거품기포 장치에 넣고 작동시키면 아이스크림이 제조되는 설비이다.

### (7) Oven

나무, 전기, 가스 등을 이용하여 빵을 굽는 기계로 현재의 상업적인 주방설비에서는 다양한 오븐이 골고루 이용된다(열원장비의 Oven 참조).

## 4. 열원 장비

나무(석탄), 전기, 가스 및 스팀을 이용하여 요리를 하는 장비로 내부는 고열이기 때문에  항상 안전에 유의해야 한다.

### (1) Gas Range With Oven

주방에서 이용하는 가장 기본적이고 중요한 조리기기이다. 윗부분은 Range가 설치되어 있어 각종 프라이팬을 이용한 조리를 할 수 있고, 아랫 부분은 오븐이 설치되어 Roasting 요리를 할 수 있는 다목적인 오븐이다. 미세한 온도 조절은 힘이 들기 때문에 2차 요리에 적절하다.

### (2) Induction Range

전기를 사용하여 금속플레이트(Plate)를 가열하여 이용하는 렌지로 선진국에서는 보편화가 되어 있으나 아직 우리나라는 그렇지 못한 실정이다.

### (3) Broiler

스테이크나 생선 및 갑각류를 직화(직접열)로 굽는 기계이다. 고객의 주문에 따라 굽는 시간을 정확히 맞추어야 한다.



### (4) Salamander Broiler

일반 가열 조리기기와는 달리 불꽃이 위에서 아래로 내려오는 하향식 열기기로, 각종 Gratin 요리에 이용된다. 가스식이 주종을 이루며 직화 요리에는 필수적이다.

### (5) Griddle

두께 10mm 정도의 철판으로 만들어진 번철로서 아침식사 시의 계란 요리, 볶음밥, Pan Cake, Hot Sandwich 등 조리의 범위가 다양하다.

### (6) Braising Pan(Tilting Skillet)

바닥이 두꺼운 철판으로 된 기기로 각종 식재료를 볶거나 Sauce를 만들 때 이용된다. 열원은 주로 가스이며, 일반적으로 회전이 가능하도록 제조되었다.

### (7) Steam Cooker (Steamer)

고열의 증기를 이용하여 식품을 조리하는 기기로 밥을 짓거나 찜요리를 하는 데 이용할 수 있다. 고압 · 고열의 증기를 사용하므로 기기의 개폐 시 증기에 의한 화상에 주의한다.

Salamander Broiler

Griddle

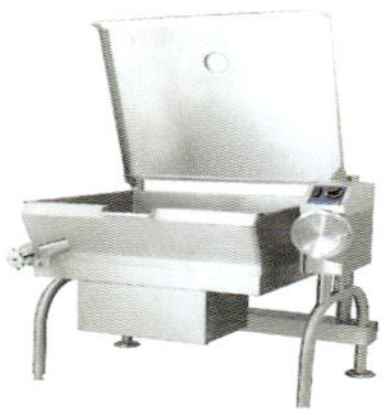
(Tilting) Braising Pan

### (8) Steam Kettle (Tilting)

고열의 증기를 이용한 조리기기로, Soup이나 Sauce를 대량으로 생산하는 데 이용된다. 핸들을 조작하여 상하로 움직일 수 있다.



### (9) Fryer (Deep Fat)

각종 튀김요리를 하는 데 이용되는 기물로, 튀김 조리 시 내용물을 용량 이상으로 넣어서는 안 되며, 튀김 재료의 수분은 반드시 제거해야 한다. 고열에 의한 기름의 산화를 방지하기 위하여 온도를 적정선으로 유지하여야 하며 튀기지 않을 때에는 전원을 완전히 끄지 않고 대기 상태에 두어 언제나 요리가 가능하도록 한다.

### (10) Oven

#### ① Convection Oven

전기로 뜨거운 열을 이용하여 요리하는 오븐으로 대류식 오븐이라고 한다. 전기식과 가스식이 있다. 대량조리 시 편리하며 서양요리에는 필수적인 장비이다.

② Reel Oven

오븐 내부에 체인을 이용한 트레이(Tray)를 설치하여 팬을 얹을 수 있도록 한 오븐으로 터널오븐 설치공간이 부족하거나 많은 양의 일반 빵류 생산이 필요한 중형 생산 공장에 주로 사용되며 대량생산의 터널오븐과 로터리오븐의 중간형이다.

③ Pizza Oven

고열을 순간적으로 발생시켜 피자 및 파이를 전용으로 굽는 오븐으로 릴오븐의 작은 형태이다. 레스토랑 및 카페 등에서 많이 이용한다.

④ Deck Oven

선반형태의 서랍식 오븐으로 현재 제과 · 제빵에서 가장 보편적으로 사용되는 오븐이며 가스, 전기식 오븐으로 분류해 쓰기도 한다. 일반적인 빵류와 케이크류, 페스트리류까지 광범위하게 쓰이며, 생산량 및 종류에 따라 모양 및 크기를 다양화해 사용한다.



⑤ Rotary Oven

내부에 랙(rack)이 있어서 좌우 혹은 상하로 회전하며 굽는 오븐으로 비교적 대용량의 제품생산에 적합한 오븐이다.

⑥ Tunnel Oven

오븐에 체인(Chain)이나 벨트(Belt)를 설치하여 컨베이어 라인을 연결하여 균일한 온도로 생산하는 고용량의 오븐이다. 양산형태의 과자류와 빵류를 대량 생산하는 제과 · 제빵회사에서 사용되고 있다.

⑦ Microwave Oven

초단파를 이용한 오븐으로 간단하게 해동시키거나 데울 때 많이 사용한다.

## 5. 냉각 및 저장 장비

식품 재료를 냉장 혹은 냉동시키는 장비로 호텔이나 대형식당에서는 필수적이다. 기존의 상업적인 제품 이외에 호텔에서는 조립식(Prefabricated) 냉장고 및 냉동고를 설치해 업무의 효율성을 도모한다. 용도 및 크기에 따라서 주문제작하고 있다.

### (1) Refrigerator (Stand Type)

냉장고로 재료를 차게 보관하는 장비이다. 대부분 규격화되어 있으며 독립된 공간의 칸막이별로 재료를 분리하며 보통 영상 4~6℃에서 보관한다.

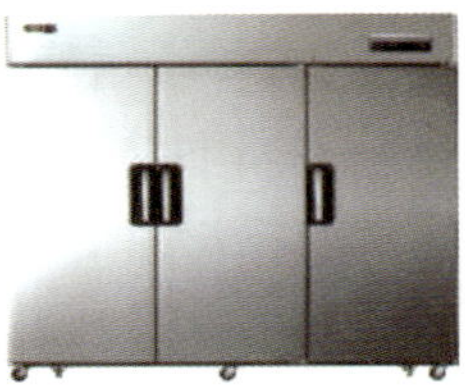

Refrigerator

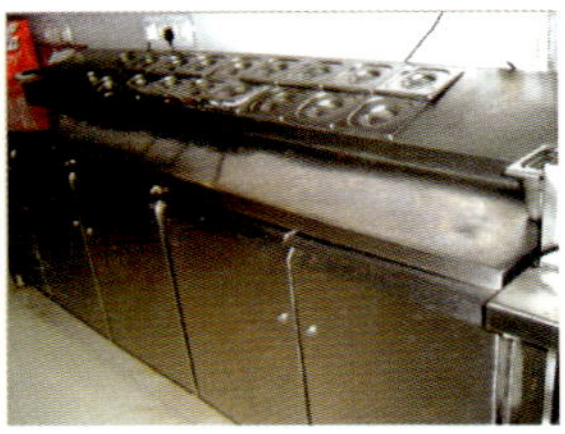

Sandwich Table

Showcase Type Refrigerator



### (2) Freezer

냉동고로 재료를 장기간 냉동하는 장비이다. 형상은 냉장고와 같다. 보통 −10℃ 이하로 보관하며 생선이나 갑각류의 경우, −20℃ 이하에서 보관한다.

### (3) Work Table & Cold Table

작업대를 겸한 냉장고로 바닥에 낮게 설치한다. 하부는 냉장고로 상부는 작업대로 활용해 공간에 효율성을 도모한다. 또한 샌드위치 테이블(Sandwich Table)이라 하여 상부를 각종 재료 및 양념류를 칸별로 만들어 즉석 샐러드 및 샌드위치, 피자를 만들 수 있도록 한 형태도 있다.

### (4) Showcase

냉장고를 외부에서 투시가 가능하도록 한 것으로 주방에서는 신선 야채, 소스, 드레싱 및 치즈 등을 보관한다. 음료 역시 이 곳을 이용한다.

### (5) Ice Cube Maker

사각 얼음을 만드는 기계로 요리나 음료를 식힐 필요가 있을 때 사용한다.

### (6) Ice Flake Maker

가루 얼음(Flake)을 만들 때 사용하는 기계로 주로 식당에서 음료수를 냉각하는 데 많이 이용한다.

Ice Cube

Ice Flake

Ice Cube Maker



## 6. 서비스용 장비

서비스용 장비는 주방, 식당내부로 연결되는 통로, 혹은 팬트리(Pantry) 및 레스토랑 내부에 설치되는 장비로 대고객 서비스를 위한 장비이다

### (1) Coffee Machine

#### ① Coffee Urn

대형 커피추출기로 커피 분말을 필터(Filter)에 넣고 버튼을 누르면 뜨거운 물이 필터 속 커피에 적하되어 추출되는 커피 기기로 대규모 연회 시에 많은 고객에게 동시에 제공할 수 있도록 대용량으로 설계되어 있다.

② Coffer Brewer

중소형 커피추출기로 연회나 레스토랑에서 고객을 위해 사용하는 중형 커피추출기이다.

③ Coffee Machine(Automatic)

커피 원두의 분쇄에서 추출까지 원터치(One Touch)로 작동되는 자동식 커피 기기로 컴퓨터 회로가 내장되어 있다. 고객이 주문하는 커피를 취향에 따라 제공하며 레스토랑, 커피전문점 등에 많이 설치된다. 자동화된 기기이기 때문에 충격을 주거나 수분이 침투되지 않도록 각별히 유의해야 한다.

### (2) Juice Dispenser (주스 냉각기)

각종 주스류를 차갑게 보관하는 기기로, 회전 냉각팬(Colling Fan)에 내용물이 항상 상하로 회전하기 때문에 내용물이 침전되지 않는다. 주로 뷔페에서 많이 사용하는 장비이다.

Coffee Urn

Coffer Brewer

Coffee Machine

### (3) Waffle Baker

Breakfast에 제공되는 와플(Waffle)을 굽는 조리기기로 전기에 의해 가열된다. 사용한 후 반드시 요리하는 부분을 깨끗이 청소한 후 보관한다.

### (4) Toaster

대량으로 토스트를 구울 수 있도록 설계된 회전식 기계이며 Coffee Shop 또는 Room Service 주방에서 많이 사용된다. 다량으로 이용하는 컨베이어형(Conveyor Type)은 호텔이나 대형 레스토랑의 아침식사에 주로 이용된다.

## 7. 세척용 장비

### (1) Dish Washer (Dish washing Machine)

각종 식기류를 세척할 수 있는 기기로 접시 투입 후, 예비세척(Pre rinse), 본세척 및 열풍 건조(Heat Drying)의 순으로 작동된다. 세척 후에도 비눗물이나 얼룩 등이 남아있지 않도록 상태를 점검하여야 한다.

#### ① Conveyor Type

긴 체인이나 벨트에 의하여 회전하며 나온다. 단체급식을 주로 하는 대형 식당, 공장 및 병원 등의 주방에서 많이 이용한다.

**② Rack Type :** 컨베이어형보다는 보다 작은 용량으로 대형 레스토랑, 호텔 단위주방에서 많이 사용된다.

**③ Door Type :** 제일 작은 소형으로 간이식당, 카페 등에서 이용된다.



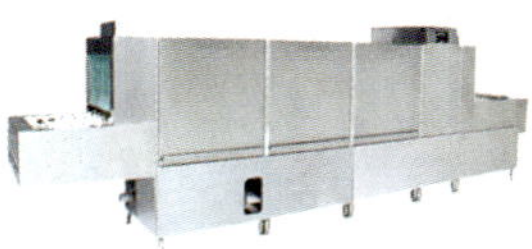

Conveyor Type

Rack Type

Door Type

### Check

1. Sausage Stuffer는 무엇을 위한 기계인가?

2. Mixer의 종류는 어떤 것들이 있는가?

3. Coffee Brewer와 Coffee Urn의 차이점은?

# CHAPTER 5 조리 도구 (Kitchen Ware)

*Objetect of the study*

주방 소도구를 이해해 요리의 용도에 적합한 도구를 사용, 빠르고 신속한 작업을 하도록 한다.



## 1. 용도

주방용 소도구는 요리에 바로 필요한 주방기물을 의미하며 가격이 상대적으로 저렴하고, 소모성이며 열원(Energy)을 필요로 하지 않는다.

- A utensil used for preparing, handling, or serving food. Mainly composed of metal, wood, copper, iron, plastic, glass.

## 2. 용도에 따른 구분

### (1) 주방조리용

① **Cooking Ware** : 순수한 조리용으로 주방에서 요리를 할 때 사용하는 도구이다. 칼, 도마, 냄비, 프라이팬, 볼 등 종류는 수십 가지이며 직접 조리에 이용되는 소모성 비품이다.

Kitchen Ware로 Kitchen Appliances라고도 한다.

② Bakeware : 빵을 구울 때 사용되는 도구로 주로 오븐(Oven) 내에서 사용한다.

● Kitchen-ware include utensils, appliances, dishes, cookware, and so on for use in the kitchen.

### (2) 서비스용 (Service Ware)

조리 이후 음식이나 음료가 담겨 고객에게 직접 제공되는 도구이다. 식기를 비롯하여 젓갈, 숟가락, 포크, 나이프, 커피컵, 맥주잔, 술잔 등 테이블에 세팅되어 고객이 직접 사용하는 수백 가지의 기물이 있다.

이러한 종류 이외에 서비스 서비스용 트레이(Service Tray), 음식집게(Tongue) 및 뷔페 준비물이 다수 있다.

큰 의미로 Tableware라고 하며 테이블에 직접 올려지는 기물로 접시류를 포함하여 유리(Glassware), 은기물류(Silverware), 도기류(Porcelain), 철기물류(Cutlery) 등이 있다.

① Dishware : 서빙 때나 음식을 먹을 때 사용되는 것으로 접시(Plate)나 볼(Bowl) 등이 있다.

② Drink-ware/Beverage-ware : 음료(Beverage)나 술(Liquor) 등을 담을 때 사용하는 기물이다.

③ Flatware : 포크와 나이프류 같이 납작한 종류의 기물을 말한다.

④ Earthenware : 도자기류를 말한다. Pottery tableware와 같은 의미이다.

⑤ Silverware : 은박 도금을 표면에 입힌 것으로 대상 종류는 철기물류(Cutlery), 편평한 기물류(Flatware) 등이 있다.

## 3. Kitchen Utensil의 이해

### (1) Knife

가장 기본적인 주방소도구로 용도에 따라 아주 다양하게 사용된다. 서양식 · 동양식의 칼이 각기 다르며 용도별로도 아주 세분화되어 있다. 서양식 칼의 경우 일반 요리용 · 고기 절단용 · 생선용 · 토막내기용 · 치즈용 · 과일 속파기용 · 카빙용 등으로 세분화되며 동양식의 경우, 일식 · 한식 · 중국식 칼의 모양과 용도가 각기 다르다.

#### ① 셰프나이프(Chef's Knife)

'조리사용 칼' 이라 하며 프렌치나이프라고도 한다. 요리 시 가장 광범위하게 다목적으로 사용되는 칼로서 고기나 야채 및 과일 등을 자르고 써는 용도로 이용된다.

- A French knife is a cutting knife used in food preparation. The knife is to slice, to cut and disjoint cuts of meats.

#### ② 중화요리용 칼(Chinese kitchen knife)

A Chinese cleaver is the all-purpose knife mostly used in China, Vietnam and surrounding Asian countries.

Chef's Knife

Chinese Cleaver

Boning knife

Bread Knife

Paring Knife

Fillet knife

Slicing Knife

Sashimi Knife

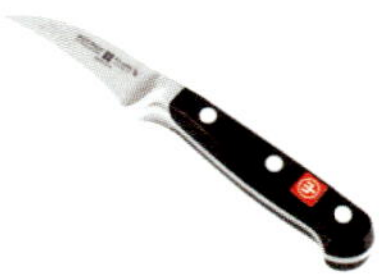

Peeling Knife

Oyster Knife

Decorating Knife

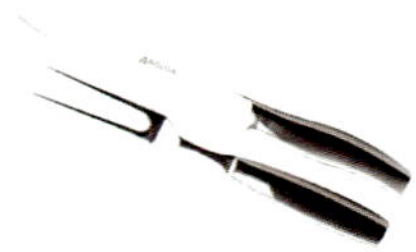

Carving knife set

### ③ 뼈 발라내는 칼(Boning knife)



It is a knife with a sharp point and narrow blade. It is used in food preparation for removing the bones of all kinds of meats and fishes.

### ④ 빵자르기용 칼(Bread Knife)

A knife to cut or slice bread.

### ⑤ 기타(Others)

버터용 칼(Butter knife), 고기전용 칼(Meat knife), 카빙용 칼(Carving Knife), 슬라이서(Slicer), 일본요리의 회칼(Japanese Sashimi Knife), 일본 채소용 칼(Deba Knife), 한국의 막칼 등 다양하다.

## 4. Pans & Pots

불을 사용할 때 가장 많이 사용하는 것이 Frypan이다. 주철팬(Cast iron Pan)에서 시작하여 알루미늄팬(Al.), 스테인리스팬(S/S), 구리팬(Copper), 전기식 프라이팬 등 다양하게 발전되었다.

Fry pan

Sauce Pan

Chinese Wok

Sheet Pan

Pie pan

Bain Marie Pot

Stock Pot

Sauce Pot

## 5. 기타

주방용 조리기구는 셀 수 없이 많아 내용 전체를 이해하기가 쉽지 않다. 그러나 도구가 있으면 편리하고, 없으면 불편하며 시간이 많이 지체되는 것이 현실임을 감안할 때 최적의 도구를 갖추는 일은 매우 중요하다.

각 도구의 이름과 이용법을 숙지하여 가장 효율적인 주방 업무가 이루어지도록 하여야 할 것이다.

현재는 거의 전 제품이 스테인리스스틸이나 알루미늄 합금으로 많이 만들어지나 최근 신소재가 많이 개발되었다. 하지만 아직도 일부 소도구는 주철이나 나무로 고집하는 경우가 있다. 나무의 경우 도마, 나무볼, 김밥용말이, 주걱 및 조리용 젓가락, 초밥식힘통 등이 있다.

Kitchen Scissor

Peeler

Whisk(Whipper)

Dough Scraper

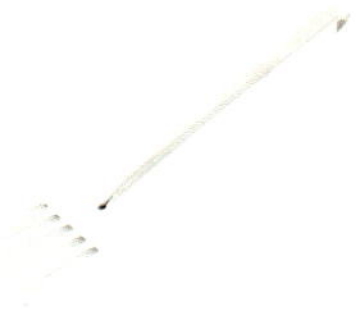
Spatula

Colander(Strainer)

Grater

Sieve

Scoop

(Ice Ceam) Disher

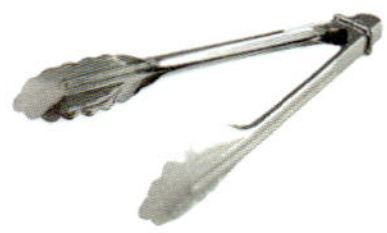
Tong

Slotted Spoon

Ladle

Melon Baller

Mixing Bowl

Dough Cutter

Lemon Squeezer

Measuring Spoon

Egg Slicer



## Check

1. Boning Knife에 대하여 설명하라.
2. Cooking ware와 Service Ware의 차이점에 대하여 설명하라.
3. Lemon Squeezer의 용도는 무엇인가?

# PART Ⅳ

# 식품 재료

# Food Materials

# CHAPTER 6 재료 명칭 (Food Ingredients)

*Objetect of the study*

요리에 사용되는 재료를 영어명으로 이해한다. 종류는 과일, 야채, 허브, 스파이스, 생선, 물고기, 가금류 및 양념류에 이르기까지 매우 다양하다.

한글명과 영어명을 서로 연관지어 빠른 시간 내에 암기하여 영문 레시피를 보아도 이해가 쉽도록 한다.

## 1. Fruits

| 순번 | Korean | English | | | |
|---|---|---|---|---|---|
| 1 | 아몬드 | Almond | | | |
| 2 | 사과 | Apple | | | |
| 3 | 살구 | Apricot | | | |
| 4 | 아보카드 | Avocado | | | |
| 5 | 바나나 | Banana | | | |
| 6 | 블루베리 | Blueberry | | | |

| 순번 | Korean | English | | | |
|---|---|---|---|---|---|
| 7 | 버찌 | Cherry | | | |
| 8 | 밤 | Chestnut | | | |
| 9 | 코코넛 | Coconut | | | |
| 10 | 은행 | Ginko nut | | | |
| 11 | 포도 | Grape | | | |
| 12 | 자몽 | Grapefruit | | | |
| 13 | 대추 | Jujube | | | |
| 14 | 키위 | Kiwi | | | |
| 15 | 레몬 | Lemon | | | |
| 16 | 리치 | Lychee | | | |
| 17 | 밀감 | Mandarine | | | |
| 18 | 망고 | Mango | | | |
| 19 | 멜론 | Melon | | | |
| 20 | 오렌지 | Orange | | | |
| 21 | 참외 | Oriental melon | | | |
| 22 | 파파야 | Oapaya | | | |
| 23 | 복숭아 | Peach | | | |
| 24 | 땅콩 | Peanut | | | |
| 25 | 배 | Pear | | | |
| 26 | 피칸 | Pecan | | | |
| 27 | 감 | Persimmon | | | |
| 28 | 무화과 | Pig | | | |
| 29 | 파인애플 | Pineapple | | | |
| 30 | 잣 | Pine nut | | | |
| 31 | 자두 | Prune | | | |
| 32 | 라즈베리 | Raspberry | | | |
| 33 | 딸기 | Strawberry | | | |
| 34 | 토마토 | Tomato | | | |
| 35 | 호두 | Walnut | | | |
| 36 | 수박 | Watermelon | | | |

## 2. Vegetables

| 순번 | Korean | English | | | |
|---|---|---|---|---|---|
| 1 | 샐러드 | Celery | | | |
| 2 | 양파 | Onion | | | |
| 3 | 쪽파(실파) | Shallot | | | |
| 4 | 대파 | Leek | | | |
| 5 | 고추 | Korean pepper | | | |
| 6 | 피망 | Pimento | | | |
| 7 | 파프리카 | Paprika | | | |
| 8 | 칠리고추 | Chili pepper | | | |
| 9 | 콩나물 | Bean sprout | | | |
| 10 | 완두콩 | Peas | | | |
| 11 | 채두콩 | Beans | | | |
| 12 | 배추 | Korean cabbage | | | |
| 13 | 양배추 | Cabbage | | | |
| 14 | 늙은 호박 | Pumpkin | | | |
| 15 | 애호박 | Zucchini | | | |
| 16 | 외미나리 | Watercress | | | |
| 17 | 양상치 | Lettuce | | | |
| 18 | 아스파라거스 | Asparagus | | | |
| 19 | 깻잎 | Sesami leaf | | | |
| 20 | 치커리 | Chicory | | | |
| 21 | 시금치 | Spinach | | | |
| 22 | 죽순 | Bamboo root | | | |
| 23 | 적채 | Red cabbage | | | |
| 24 | 인삼 | Ginseng | | | |
| 25 | 당근 | Carrot | | | |
| 26 | 가지 | Eggplant | | | |
| 27 | 브로콜리 | Broccoli | | | |
| 28 | 콜리플라워 | Cauliflower | | | |

| 순위 | Korean | English | | | |
|---|---|---|---|---|---|
| 29 | 파슬리 | Parsley | | | |
| 30 | 버섯 | Mushroom | | | |
| 31 | 겨자(잎) | Mustard | | | |
| 32 | 박하 | Mint | | | |
| 33 | 월계수잎 | Bay leaf | | | |
| 34 | 계피 | Cinnamon | | | |

## 3. Milk Products

| 순번 | Korean | English | | | |
|---|---|---|---|---|---|
| 1 | 버터 | Butter | | | |
| 2 | 우유 | | | | |
| 3 | 치즈 | | | | |
| 4 | 휘핑크림 | | | | |
| 5 | 마요네즈 | | | | |
| 6 | 마가린 | | | | |
| 7 | 아이스크림 | | | | |
| 8 | 요구르트 | | | | |



## 4. Beverage and Liquors

| 순번 | Korean | English | | | |
|---|---|---|---|---|---|
| 1 | 오렌지주스 | Orange Juice | | | |
| 2 | 사과주스 | | | | |
| 3 | 자몽주스 | | | | |
| 4 | 맥주 | | | | |
| 5 | 위스키 | | | | |
| 6 | 브랜디 | | | | |
| 7 | 코냑 | | | | |
| 8 | 셰리와인 | | | | |
| 9 | 백포도주 | | | | |
| 10 | 적포도주 | | | | |

## 5. Oils and Butter

| 순번 | Korean | English | | | |
|---|---|---|---|---|---|
| 1 | 올리브유 | Olive Oil | | | |
| 2 | 참기름 | | | | |
| 3 | 식용유 | | | | |
| 4 | 해바라기유 | | | | |
| 5 | 포도씨유 | | | | |
| 6 | 무염버터 | | | | |
| 7 | 땅콩버터 | | | | |

## 6. Cindiments

| 순번 | Korean | English | | | |
|---|---|---|---|---|---|
| 1 | 소금 | salt | | | |
| 2 | 설탕 | | | | |
| 3 | 통후추 | | | | |
| 4 | 생강 | | | | |
| 5 | 마늘 | | | | |
| 6 | 칠리가루 | | | | |
| 7 | 케이준분말 | | | | |
| 8 | 식초 | | | | |
| 9 | 칠리소스 | | | | |
| 10 | 타바스코 | | | | |
| | | | | | |
| | | | | | |
| | | | | | |
| | | | | | |
| | | | | | |
| | | | | | |
| | | | | | |
| | | | | | |
| | | | | | |

## 7. Imported Products (Processed)

| 순번 | Korean | English | | | |
|---|---|---|---|---|---|
| 1 | 건포도 | Rasin | | | |
| 2 | 체리 | | | | |
| 3 | 케이퍼 | | | | |
| 4 | 엔초비 | | | | |
| 5 | | | | | |
| 6 | | | | | |
| 7 | | | | | |
| 8 | | | | | |
| 9 | | | | | |
| 10 | | | | | |

## 8. Imported Meats and Fish

| 순번 | Korean | English | | | |
|---|---|---|---|---|---|
| 1 | 소고기 안심 | | | | |
| 2 | | | | | |
| 3 | | | | | |
| 4 | | | | | |
| 5 | | | | | |
| 6 | | | | | |
| 7 | | | | | |
| 8 | | | | | |
| 9 | | | | | |
| 10 | | | | | |

## 9. 상업용 소스 및 드레싱류

시판되는 소스 및 드레싱은 다양하게 개발되어 있다. 이제 한국 제품도 그 맛과 질적인 측면에서 앞서 있기 때문에 앞으로의 외식업 발전을 기대할 수 있다.

### (1) Sauce

이전에는 조리사가 주방에서 직접 만들어서 사용하였으나 이제는 이미 만들어진 제품류가 매우 많다. 이는 경제성과 편리성을 고려한 결과라고 보여진다.

Mustard

A1 Sauce

Worcestershire

Barbecue Sauce

Soy Sauce

Hot Sauce

Ketchup

Mayonnaise

### (2) 드레싱류

드레싱은 소스의 일종이기는 하나 샐러드 전용의 소스이다. 이제는 소스와 마찬가지로 많이 개발되어 시판되고 있으며 허니머스터드 드레싱은 기본이며 나아가 참깨, 흑임자, 간장참기름 계통의 오리엔탈 드레싱과 과일을 이용한 키위, 딸기 등의 드레싱이 있다.

한국회사의 드레싱

Herb Dressing

Italian Dressing

Oriental Dressing

## For Exercise

※ 위의 과일, 야채 등을 비롯한 모든 표 오른쪽의 빈칸을 채우면서 암기할 것

# CHAPTER 7 허브와 스파이스 (Herb & Spice)

*Object of the study*

요리에 사용되는 허브와 스파이스의 용도를 파악하여 요리의 맛을 배가한다.



## 1. Herb

Herb is perticular plants that have a variety of uses including culinary, medicinal, or in some cases even spiritual purposes. General usage classified into two, culinary herb and medicinal herb. It is mostly used as fresh leaves, flowers, and stems.

- 허브는 식물의 잎, 꽃, 줄기 및 가지를 말하며 신선한 것을 사용하며 식용과 약용으로 크게 구분된다.

## 2. Spice

A spice is a dried seed, fruit, root, bark, leaf as a food additive for the purpose of flavor, color, or as a preservative that kills harmful bacteria or prevents their growth.

● 스파이스는 건조된 형태로 많이 사용되며 향, 색상을 비롯해 식품 등의 보존에 이용된다. 또 다른 용도로는 약이나 종교적 목적 혹은 화장품이나 향수의 원료로도 이용된다.

## 3. 주요 Herb

Dill

Thyme

Rosemary

Watercress

Sage(Salvia)

Sweet Majoram

Basil

Parsley

Mint

Oregano

Chive

Chervil

## 4. 주요 Spice

Fennel seeds

Mustard seeds

Whole Pepper

Curry Powder

Cinnamon

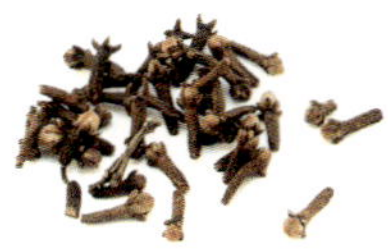

Cloves

Nutmeg

Ginger



## Check

1. 허브와 스파이스의 차이점에 대하여 말하라.

2. 생강을 요리에 이용하고자 한다. 생강은 허브인가, 스파이스인가?

3. 약용으로 이용되는 스파이스나 허브를 찾아보라.

4. Mint의 종류를 알아보고 발표하라.

5. Curry Powder에 사용되는 스파이스의 종류를 열거하라.

## For Exercise

※ 각 허브의 용도를 대하여 아래 표에 기록하라.

| Name | Usage |
|---|---|
| Dill | |
| Thyme | |
| Rosemary | |
| Watercress | |
| Sage(Salvia) | |
| Sweet Majoram | |
| Basil | |
| Parsley | |
| Mint | |
| Oregano | |
| Chervil | |
| | |
| | |
| | |
| | |
| | |
| | |
| | |
| | |
| | |
| | |
| | |
| | |
| | |
| | |
| | |
| | |

# PART V

# 맛과 표현

## Taste & Expression

Practical Training of Culinary English

# CHAPTER 8 맛에 대한 표현 (Expression to Taste)

*Object of the study*

우리가 혀로 느끼는 기본적인 맛은 단맛, 짠맛, 쓴맛 및 신맛 등이 있다. 그러나 이외에 느끼거나 표현할 수 있는 맛을 다양한 형태로 표현하는 법을 배우도록 한다.
메뉴작성 시의 서술적인 문구(Descriptive Copy) 작성 및 고객 설명용으로 활용한다.



## 맛을 나타내는 여러 표현

음식의 맛은 Taste(혀로 보는 맛), Flavor(코로 맡는 냄새나 방향), Savor(일반적인 풍미) 등이 있다.

### 1. 생물학적 기본 맛(혀의 감각)

#### (1) 달콤한 : Sweet, Sugary

- 단맛이 나는 간장 : Sweet and mild soy sauce
- 단맛이 나는 와인 : Sweet wine
- 달콤새콤한 : Sweet and sour
- 달콤매콤한 : Sweetly tangy

- 달콤한 냄새가 나다 : Smell sweet, be fragrant
- 이 초콜릿은 달콤한 냄새가 난다 : This Chocolate smells sweet.

### (2) 짠 : Salty, Salted, a salty taste

### (3) 쓴 : Bitter

- 쓴 약 : a bitter medicine
- 맥주의 씁쓸한 맛 : the slight bitterness of beer
- 약간 쓴맛이 나다 : be (taste) slightly bitter

### (4) 달콤씁쓸한 : be bitter-sweet

- 블랙커피는 내게 너무 쓰다 : Black coffee is too bitter for me.

### (5) 새콤한, 신맛이 나는 : sour, acid, tart

- 신 포도 : a sour grape
- 신 사과 : a tart apple
- 신 레몬 : an acid lemon
- 이 사과는 시큼한 냄새가 난다 : This apple have sour taste.

### (6) 매운, 자극성이 있는, 얼얼한 : Hot, Spicy, Pungent, spicy, tangy, pepperish

- 매운 김치 : hot kimchi
- 톡 쏘는 매콤한 소스 : a rich and pungent sauce
- 이 카레는 내겐 너무 맵다 : This curry is too hot for me.

### (7) 떫은 : astringent

- 떫은 감 : an astrigent persimmon
- 떫은 와인 : rough(harsh) wine

## 2. 감정의 맛(느낌 및 표현의 맛)

① 군침이 도는 : Mouth watering

② 아삭한(바삭바삭한) : Crispy, Crunchy

③ (좋은) 향기가 나는 : Aromatic

④ 과일 향기가 나는 : Fruity

⑤ 훈제(훈연)냄새가 나는 : Smokey

⑥ 부드러운, 연한 : Soft, smooth, mild, mellow

↔ Chewy(질긴), Hard(딱딱한, 견고한)

⑦ 매끄러운 : Smooth

↔ Hard, Coarse(딱딱한, 거친)

⑧ (고기 등이) 연한 : Tender

↔ Tough(질긴, 굳은, 단단한)

⑨ (크림같이) 매끈하고 부드러운 : Creamy

↔ Crumbly(부서지기 쉬운, 푸석푸석한)

⑩ 탄력이 있는 : Springy, Elastic

⑪ 즙이 많은, 수분이 있는, 촉촉한 : Juicy, Moist, Soggy

↔ Dry(마른, 건조한)

⑫ 묽은, 얇은(가는) : Thin

↔ Thick

⑬ 진한, 굵은 : Thick

↔ Thin

예) Thick Soup(진한 수프)

⑭ 날것의(생것의) : Raw

↔ Well done, Cooked (요리가 된, 잘 익은)

⑮ 끈적끈적한 : Sticky

↔ Hard(딱딱한)

⑯ (표면이) 투명한, 광택이 나는 : Transparent

↔ Opaque(광택이 없는, 칙칙한)

⑰ 싱싱한, 산뜻한 : Fresh

⑱ 최상급의, 특등품의 : Top, Best, Excellent, Super, Supreme

⑲ 맛있는 : Delicious, Tasty

↔ Tasteless(맛이 없는)

⑳ 풍미가 있는 : Palatable, Savory

㉑ 특제의, 특별한 : Special

㉒ 맛깔스런 : Agreeable

㉓ 담백한 : Plain, Simple

㉔ 느끼한, 위에 부담스러운 : Heavy

예) 느끼한 요리는 위에 부담을 준다 : Heavy food is not easily digested.

㉕ (음식이) 초라한, 보잘 것 없는 : Poor

## 3. 맛에 대한 간단한 표현



### (1) 맛이 있다(좋다).

- be tasty(savory)
- taste good(nice)
- have a good flavor
- be delicious

### (2) 맛이 없다(나쁘다).

- be untasty
- taste bad
- flat
- be unsavory
- be unpalatable
- be flavorless(insipid, jejune)

### (3) ~으로 간을 하다.

- season food with salt and pepper.

**(4) ~의 맛이 나다.**

- taste [savor] of orange.

**(5) 맛이 변하다.**

- become stale.

**(6) 맛이 시게 변하다.**

- turn sour

**(7) 맛이 어떻습니까?**

- How does it taste? or What does it taste like?

**(8) 먹어 봐야 맛을 안다.**

- The proof of the pudding is in the eating.

## 4. 표현 예문



**※ 아래와 같이 메뉴 카피를 영문으로 구성하라.**

**(1) 군침 돌게 하는 석쇠구이한 닭가슴살 [양식]**

- Mouth watering charcoal grilled chicken breast

**(2) (농도가 연한) 콩소메 [양식]**

- Thin consomme

**(3) 아삭아삭한 양상추 [양식]**

- Crispy lettuce

**(4) 부드러운 치즈 [양식]**

- Soft cheese

(5) 입에서 녹는 달콤한 티라미수(이태리 치즈케이크) [제과]

- Sweet tiramisu

(6) 크림같이 (줄줄 흐르는) 소스를 곁들인 푸딩 [제과]

- Creamy pudding

(7) 오븐에서 갓구운 신선한 빵 [제빵]

- freshly baked bread

(8) 특등품의 한우 안심 [한식]

- Supreme Korean beef tenderloin

(9) 얼얼한 맛이 나는 김치전골 [한식]

- Spicy Kimchi Casserole

(10) (농도가 진한) 곰탕 [한식]

- Thick Gomtang

(11) (엄선한) 최상급의 오리 가슴살 [중식]

- Selected special Duck breast

(12) 맛깔스런 탕수육 [중식]

- An agreeable Sweet and sour beef

(13) 최상급의 제비집수프 [중식]

- The best swallow' s nest soup

(14) 갓 잡아 올린 싱싱한 모듬 해물회 [일식]

- Assorted raw fish sashimi

(15) 감칠맛이 나는 복어 맑은탕 [일식]

- Savory taste of Japanese global fish soup

# CHAPTER 9 유용한 표현 (Useful Expression)



*Object of the study*

요리의 첫 단계는 재료를 다듬고 씻고 껍질을 벗겨내는 등의 과정이다. 다음은 열을 가하고 볶고 삶는 일이며, 마지막은 요리를 접시에 담아 제공하는 과정이다.
각 과정은 다음 요리를 하기 위한 필연적인 순서로, 단문을 익힌 다음 긴 문장으로 전환한다. 따라서 각 과정별 행동 · 동작을 반드시 이해해야 한다.

## Theme

재료의 전처리를 함에 있어서 유용한 표현

## 1. 표현방법

### (1) 형용사적 표현

| 다져진 | chopped ~ |
|---:|---|
| 으깨진 | crushed ~ |
| 껍질이 벗겨진 | peeled ~ |

| | |
|---|---|
| 다이스 형태로 잘라진 | diced ~ |
| 비늘을 벗긴 | scaled ~ |
| (속심이) 제거된 | cored ~ |
| 볶아진 | sauteed ~ |
| 잘린 | cut ~ |
| 끓여진(삶아진) | boiled ~ |
| (고깃살 등이) 곱게 갈린 | minced ~, grated ~ |
| 거품나게 저어진 | whipped ~ |
| (서로 섞이게) 쳐올려진 | tossed ~ |
| (겨자 등이) 개인 | prepared ~ |
| 훈제된 | smoked ~ |
| 씻긴(세척된) | washed ~, rinsed ~ |
| (소스 등이) 진하게 된 | thickened ~ |
| ~로 장식이 된 | garnished with ~ |
| 체에 걸러진 | sifted ~ |
| (조개류 껍질이) 벗겨진 | unshelled ~ |
| (팬 등에) 기름칠이 된 | greased ~, brushed ~ |
| 직화로 구워진 | broiled ~ |
| 요리된 | cooked ~ |
| 삶아진 | blanched ~ |
| 구워진 | roasted ~, baked |
| 천천히 끓여진 | simmered ~ |
| 튀겨진 | fried ~ |
| 표면이 그라탱된 | gratinated ~ |
| 슬라이스된 | sliced ~ |
| 잘린 | shredded ~ |
| 잘 섞인 | blended ~, mixed ~ |
| 버터가 발린 | buttered ~ |
| 절임이 된 | marinated ~ |
| 뿌려진 | sprinkled ~ |

| | |
|---|---|
| 물기가 제거된 | drained ~ |
| (소스 등이) 졸여진 | reduced ~ |
| (표면에 소스가) 발린 | spreaded ~ |
| ~(내용물이) 채워진 | stuffed with ~, filled ~ |
| ~입혀진, ~코팅이 된 | coated with ~ |
| (버터 등이) 녹여진 | melted ~ |
| 가열된 | heated ~ |

## (2) 준명사구

### ① Vegetables and Fruits

| | |
|---|---|
| 다져진 신선한 파슬리 | chopped fresh parsley |
| 으깨진 마늘(통후추) | crushed garlic(peppercorn) |
| 껍질이 벗겨진 사과(토마토) | peeled apple(tomato) |
| 큐브 형태로 잘린 대파 | leek, cut into cube |
| 굵게 대충 잘라진 당근 | carrot, coarsely cut |
| 굵게 썰어진 셀러리단 | celery stalks, thickly sliced |
| 4등분된 양송이 | mushroom, quartered |
| (캔에서 빼내어) 잘게 썰린 토마토 | can chopped tomato |
| 크게 썰린 감자조각(스튜용) | potatoes, cut into chunks |
| 장식용 파슬리(타임) 한 줄기 | a sprig of parsley(thyme) to garnish |
| 레몬 세그먼트(쐐기) | lemon segment(wedge) |
| 짜진 레몬주스 | squeeze of lemon juice |
| 힘줄이 제거되고, 씨가 발리고 다이스로 썰어진 홍피망 | red pepper, cored, seeded, and diced |
| 껍질이 벗겨지고 씨가 제거되고 슬라이스된 토마토 | tomato, peeled, seeded, and cut into strips |
| 껍질이 벗겨지고 갈아진 생강 | fresh root ginger, peeled and grated |

| | |
|---|---|
| 찬물에 담겨서 물기가 빠진 양상추 | lettuce, soaked in cold water and drained |
| 캔에 든 파인애플 조각 | can pineapple chunk |
| 먹기에 적당한 크기로 잘린 청피망 | green pepper, cut into bite-sized |

## ② Condiments

| | |
|---|---|
| (매운 정도가) 중간인 칠리 고춧가루 | mild chili powder |
| 레몬껍질 | lemon zest |
| 갈린 파르마산 치즈가루 | parmesan cheese, grated |
| 다목적 밀가루 | all purpose flour |
| 표면에 뿌릴 밀가루 | flour for dusting |
| 가장자리 껍질이 잘린 신선한 빵 | stale bread, crusts removed |
| 갓 만든 흰색 빵가루 | fresh white breadcrumb |
| (엄지와 검지로 잡은 양의) 육두구 가루 | large pinch of grated nutmeg |
| 튀김용 식용유 | oil for deep fat frying |
| 갓 빻은 신선한 검은 후추 | freshly ground blackpepper |
| (실온에 두어서) 부드러운 버터 | butter, softened |
| 정제된 버터 | clarified butter |
| 당분이 첨가되지 않은 백포도주 | dry white wine |

## ③ Fish

| | |
|---|---|
| 껍질이 제거된 생선(연어) | skinned fish(salmon) |
| 순수한 생선 살코기 | fish fillet |
| 껍질과 뼈가 제거된 대구(살) | halibut, skinned and boned |
| 껍데기를 연 조개 | unshelled clams |
| 생선알 | fish' s roe |
| (조개류의) 모래집 | sand vein |

④ Temperature & liquids

| | |
|---|---|
| 끓는 육수 | boiling stock |
| 끓는 소금물 | boiling salted water |
| 미지근한(차가운) 물 | lukewarm(cold) water |
| 비등점 | boiling point |
| 저열(중열, 고열)에서 | over the low(medium, high) heat |
| 흐르는 물 | running water |

⑤ Meats and Eggs

| | |
|---|---|
| 내장이 제거된 생닭 | chicken, giblets removed |
| 뼈가 발라진 치킨 가슴살 | boneless chicken breast |
| 뼈가 발라지고 2.5cm 길이의 닭가슴살 | boneless chicken breast, cut into 2.5cm pieces |
| 표면에 바를 치댄 달걀 노른자 | beaten eggyolk for greasing |
| 순살 쇠고기 | beef fillet |
| 잘고 길게 잘린 덩어리고기 | rump steak cut into strips |
| (비계나 힘줄 등이 제거된) 어깻살고기 | chuck steak, trimmed |
| 잘게 갈린 쇠고기 | minced beef |

## (3) 짧은 문장

① 준비단계

| | |
|---|---|
| 파슬리를 곱게 다져라. | Chop the parsley finely. |
| 양파를 가늘게 썰어라. | Slice the onions thinly. |
| 셀러리 껍질을 벗기고 슬라이스하라. | Peel and slice the celery. |
| 고기를 작은 다이스로 자르라. | Cut meats into small dice. |
| 반으로 자르라. | Cut into halves. |

| | |
|---|---|
| 2~3인치 정도의 길이로 조각내라. | Cut into pieces 2 to 3 inches in length. |
| 마늘 한 쪽을 으깨라. | Crush a clove of garlic. |
| (그것을) 부드러워질 때까지 블렌더에서 갈아라. | Puree it in a blender until smooth. |
| 볼에서 모든 재료를 고루 잘 섞어라. | Mix in all the ingredients in bowl. |
| 충분한 찬물로 팬을 채우라. | Cover the bones with enough cold water. |
| 레몬을 뒤틀어서 즙을 짜라. | Twist to squeeze the lemon out. |
| 양상추는 씻은 후 물기를 (완전히) 제거하라. | Wash and drain the lettuce (thoroughly). |

② 요리단계

| | |
|---|---|
| 고기가 부드러워질 때까지 천천히 요리하라. | Simmer the meat until tender. |
| 부드럽고 투명해질 때까지 요리하라. | Cook until tender and transparent. |
| 약 20분 동안 시머링하라. | Continue to simmer for about 20 minutes . |
| 토마토 페이스트가 갈색이 날 때까지 볶아라. | Saute the tomato paste until lightly browned. |
| 달걀이 거품이 일어날 때까지 쳐올려라. | Beat the eggs until frothy. |

③ 가열단계

| | |
|---|---|
| 팬에서 버터를 녹여라. | Melt the butter in pan. |
| 팬에서 기름을 달구어라. | Heat the oil in pan. |
| 양파와 당근을 팬에 넣어라. | Add the onion and carrot to the pan. |

| | |
|---|---|
| 빵 양면을 팬에서 갈색화시켜라. | Brown the bread on both sides in the pan. |
| 당근, 감자, 셀러리 및 양파의 순으로 볶아라. | Saute carrot, potato, celery and onion in turn. |

④ 요리 중간단계

| | |
|---|---|
| 물이 끓기 시작하면<br>필요 시마다 표면의 찌꺼기를 걸러내면서<br>부드러워질 때까지 계속 저어가면서<br>소스가 ⅓이 될 때까지 졸이면서<br>수 분 동안 계속해서 볶으면서<br>때때로 저어가면서 계속 요리하라 | When the water begin to boil,<br>skimming off surface as necessary<br>stirring constantly until smooth<br>reducing the sauce to one third<br>stirring for a few minutes<br>continue to cook, stirring constantly. |
| 스톡을 넣고 끈기(농도)를 조절하라. | Add stock and adjust consistency. |
| 3:1의 비율로 | at a ratio of three to one. |
| 치대어 반죽을 부드럽게 만들어라. | Knead dough until smooth. |

⑤ 마감 단계

| | |
|---|---|
| 소스를 고운 체에 내려라. | Pass the sauce through fine sieve. |
| 소스를 면보에서 걸러라. | Strain the sauce through cheesecloth. |
| 간을 하라. | Adjust seasoning(to taste). |
| 소금, 후추로 간을 하라. | Season with salt and pepper to taste. |
| 파슬리로 장식하라. | Garnish with parsley. |
| 파슬리 다진 것을 뿌려라. | Sprinkle with chopped parsley. |

| | |
|---|---|
| 수프를 볼로 옮겨라. | Transfer the soup to a soup bowl. |
| 물로 농도를 조절하라. | Adjust consistency with water. |

### ⑥ 보관 및 저장 단계

| | |
|---|---|
| 상온에서 보관하라. | Keep in the room temperature. |
| 식힌 다음 냉장하라. | Make it cool and refrigerate. |
| 냉장고에서 서늘하게 보관하라. | Keep in the refrigerator. |
| 냉동시켜라. | keep in the freezer. |
| 찬물에 담가 놓아라. | Soak in the cold water. |
| 백포도주에서 절임하라. | Marinate in white wine. |
| 식초와 오일을 항아리 속에 넣어라. | Place the vinegar and oil in a jar. |

## 2. 예문 연습

### Duck Breast with Red Wine Sauce

- 레드와인 소스를 곁들인 오리가슴살 요리 (메뉴명칭을 한글로 이해한다.)

1/S 산출량

### Introduction (요리 내용을 간략하게 이해한다.)

절임을 하는 것은 고기에 고유의 풍미와 향미를 더해 더욱 맛있게 하기 위함이다. 일반적으로 가금류는 백색고기(White Meat)로 살코기가 퍽퍽한 경우가 많다. 이를 보완하기 위해서 여러 가지 소스로 절임을 한다. 여기서는 레드와인 소스를 활용하였다.

## Methods (만드는 법)

(1) ① Mix the garlic, vinegar and rosemary ② in a bowl ③ for marinating.

① 마늘, 식초와 로즈마리를 섞다. ② 볼에서 ③ 마리네이드(절임)를 목적으로(위하여)

→ 절이기 위하여 마늘, 식초와 로즈마리를 볼에서 섞어라.

(2) ① Score the duck breast ② and pour marinating sauce ③ over duck ④ in a bowl.

① 오리가슴살에 칼집을 내다. ② 그리고 절임용 소스를 붓는다. ③ 오리(가슴살) 위에 ④ 볼에서

→ 오리가슴살에 칼집을 낸 다음 만들어진 절임용액을 볼에 담은 가슴살 위에 부어라.



(3) ① Marinade for 30 minutes ② at room temperature.

① 30분 동안 절임하라. ② 실온에서

→ 30분 동안 실온에서 절임하라.

(4) ① Cook breast ② skin-side down ③ for 5 minutes. ④ Set aside.

① 가슴살을 요리하다. ② 껍질 있는 쪽을 아래로 하여 ③ 5분 동안 ④ 옆에 두라.

→ 껍질 있는 쪽을 아래로 하여 5분 동안 가슴살을 요리한 다음 옆에 두라.

(5) ① In pan, ② bring the stock and wine to boil ③ until it becomes dark glaze ④ and then ⑤ add tomato puree and lemon juice.

① 팬에서 ② 스톡과 와인을 끓이다. ③ 진한색으로 색상이 날때까지 ④ 그리고 ⑤ 토마토 퓌레와 레몬주스를 넣는다.

→ 팬에서 진한색으로 색상이 날 때까지 스톡과 와인을 끓이다가 토마토 퓌레와 레몬주스를 넣어라.

(6) ① Remove from the heat ② and dot with butter in sauce ③ Slice and arrange duck breast on plate ④ Pour sauce over.

① 열에서 꺼내어(불을 끄고) ② (만들어진) 소스에 버터조각을 넣다. ③ 접시에 오리가슴살을 잘라서 배열한다. ④ 소스를 위에 끼얹다.

→ 열에서 꺼낸 다음(불을 끄고) (만들어진) 소스에 버터조각을 넣어라. 접시에 오리가슴살을 잘라서 배열한 다음 소스를 위에 끼얹어라.

(7) ① Sprinkle with chopped parsley ② Serve at once.

① 다진 파슬리를 뿌리다. ② 즉시 제공하다.

→ 다진 파슬리를 뿌린 다음 즉시 제공하라.

# PART Ⅵ

# 코스 메뉴 실습

## Study of Menu Course

ractical Training of Culinary English

# 코스메뉴 실습
# (Study of Menu Course)

*Object of the study*

Menu는 레스토랑에서 판매할 음식의 목록이므로 식음료 운영에서 가장 중요한 요소 중의 하나이다. 메뉴가 결정되면 조리사들은 구체적인 레시피 작업으로 들어간다. 메뉴에 대한 기본적 내용을 이해하여 판매 및 마케팅 도구로서 활용해보자.



## 1. The style it offered (제공 방식에 따른 구분)

### (1) tabled d′h te

A meal, pre-selected and fixed courses, in a restaurant, hotel, or the like, for which one pays a fixed price. Often used adjectively; as a meal.

● 타블도트는 정식메뉴로서 요리 종류, 순서 및 가격이 미리 짜여져 있어서 고객의 선택권이 제한되어 있으며, 코스별로 구성된 다음의 메뉴는 모 대학의 레스토랑 메뉴이다.

Poached abalone with Citrus dressing / 유자드레싱을 곁들인 전복
Today´s cream soup / 오늘의 크림수프
Poached salmon w/ tomato herb sauce / 연어찜과 토마토 허브소스
Romaine lettuce salad and Caesar dressing / 로메인 샐러드와 시저드레싱
Grilled tenderloin with truffle sauce 트리플 소스의 안심구이
Today´s dessert / 오늘의 디저트

http://www.hoam.ac.kr/restaurant/



### (2) a la carte

A meal with a separate price for each item on the menu.

● 알라카르트는 일품메뉴로서 정식메뉴 중에서 자기가 좋아하는 메뉴를 선택해 식사할 수 있어 메뉴의 선택성이 보장된다.

#### * Appetizer & Salad

신선한 버팔로 모차렐라 치즈 튀김 6,500

그릴에 구운 닭가슴살과 상큼한 루콜라 샐러드 6,000

특제 훈제연어와 야채 샐러드 6,000

로메인 시저 샐러드 7,500

#### * Soup

자연송이를 가미한 콘소메 수프 6,000

파르마산 치즈로 맛을 낸 토스카나풍의 양파수프  6,000

오늘의 크림수프  4,000

야채수프  4,000

### * Fish & Meat

피스타치오와 레몬버터소스가 가미된 연어구이  17,000

파르마 햄과 왕새우 요리  18,000

푸른 후추소스의 연한 소안심 스테이크  24,000

특제 푸아그라 토핑 소안심 스테이크와 포트와인소스  28,000

석쇠구이 꽃등심 스테이크  23,000

로즈마리 소스의 양갈비구이  22,000

### * Pasta & Rice

해산물로 맛을 낸 스파게티  11,000

로마풍 스파게티  8,000

베이컨과 마늘 크림소스 스파게티  9,000

크림소스 바닷가재 라비올리  10,000

연어로 맛을 낸 크림소스 수제 파스타  12,000

게살 애호박과 사프란향의 밀라노식 리조또  8,000

### * Dessert

오늘의 특선 디저트  4,000

신선한 계절 과일  4,000

이탈리아식 티라미슈  5,000

## (3) Buffet Menu

A meal at which guests help themselves from a number of dishes.

● 여러 가지 음식을 진열대에 골고루 차려 놓고 자기가 좋아하는 음식을 가져다가 먹는 방식을 말하며 가끔 서서 먹는 형태의 스탠딩 스타일의 뷔페도 있다.

## 2. Offering time [제공시점(시간대별)에 따른 구분]

① 아침 : Breakfast Menu
② 아침 겸 점심 : Brunch Menu
③ 점심 : Lunch Menu
④ 저녁 : Dinner Menu
⑤ 야참 : Supper Menu

Hotel buffet

Table setting

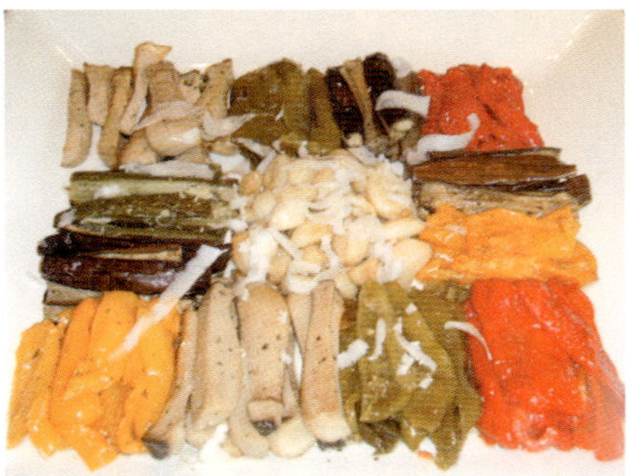
Grilled vegetables

Sushi counter

## 3. Seasonal Menu (계절에 따른 메뉴)

각 계절에 생산되는 풍성한 재료를 사용하여 만드는 메뉴로 이른 봄철에는 산나물 음식, 여름철에는 삼계탕 등을 들 수 있다.

## 4. Special Menu for special days (특별한 날을 위한 메뉴)

① Promotion Menu : 딸기, 산송이, 스투르델, 보양 웰빙식, 전통차 등에 명칭을 부여하여 메뉴를 제공한다.

② Cocktail Party Menu : 승진, 개업 및 창립일 및 제품 발표회 등을 기념하기 위하여 특별히 준비하는 술안주 메뉴이다.

③ 주방장이 권하는 요리 : 주방장이 선택해 고객에게 제공하는 특선 메뉴

④ 오늘의 요리(Daily Menu) : 특정한 날짜에 제공되는 요리

⑤ 이벤트메뉴 : 부활절, 어린이날 및 어버이날, 크리스마스(Christmas) 등에 적절한 요리



## 5. 순환 주기에 따른 메뉴

① Cycle(ed) Menu : 특정 주기별로 메뉴를 변경하며 병원, 학교, 산업체 등에서 활용

② Fix(ed) Menu : 고정메뉴로서 일정 기간 동안 반복적으로 제공

## 6. 활용시기에 따른 메뉴

메뉴가 결정되면 일 년 정도는 바뀌지 않는 메뉴가 있는 반면에 간단한 리플릿이나 전단지로 만든 간이 메뉴도 있다.

① **장기성 메뉴**(연중) : All year round menu
② **단기성 메뉴** : 오늘의 메뉴, 주간 메뉴처럼 단기간 사용

## 7. 영업장 구분에 따른 메뉴

개설된 영업장에 따른 구분으로 커피숍의 경우, 커피숍 메뉴, 이탈리아 식당에는 이탈리아 요리 메뉴가 있다.

## 8. 특별한 목적을 위한 메뉴



이용자의 주문을 받아 특별하게 만드는 음식으로 건강 및 병원 환자용으로 다이어트식, 당뇨식, 혈압식 등이 있으며 그 밖에 투숙객의 주문에 의한 메뉴이다.

## 9. 식사와 음료 메뉴

식사메뉴가 있고 음료메뉴 및 주류 메뉴 등이 따로 구분되어 있다.
예) Food Menu, Beverage List (음료인 경우에는 리스트로 표기한다.)

# CHAPTER 1 전채 요리 (Appetizer)

*Object of the study*

코스 음식의 가장 첫 단계인 전채(Appetizer)의 특성 · 내용 및 만드는 법을 통해 단계별 내용을 확인한다.



## What is a Garde Manger?

French word for a pantry or cold storage area for food materials where the cold buffet in a hotel dining room is prepared.

The chef Garde Manger oversees this area and is responsible for pate, salad, galantines, chaud-froids and for fancy display garniture.

● 가르드 망제는 프랑스어로 조리 전의 차가운 재료를 보관하거나 뷔페를 준비하는 작은 주방이다. 이곳을 관할하는 셰프는 파테, 테린, 갈린틴 및 차가운 애피타이저 등을 만든다.

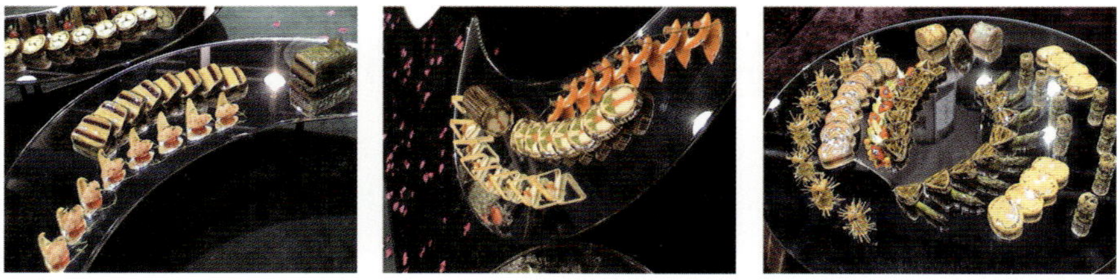

Garde manger에서 준비되는 음식

## 1. Appetizer or Hors d'œuvre(오르되브르)

Hors d' œuvre are food items served before the main dishes. There are several related terms, such as a finger food, bite-sized appetizer and Italian antipasti etc.

● '애피타이저' 혹은 '오르되브르'는 우리나라 말로 전채(前菜) 혹은 식욕촉진음식이라고 한다. 전채는 메인요리를 먹기 전에 먹는 간단한 요리 혹은 안주이다. 파티문화가 발달한 서구에서는 식전에 가벼운 음료나 칵테일 등을 마시면서 서로 담화를 나누며 즐거운 시간을 가지는데 이때 이용되는 음식 역시 전채이다.



## 2. 각 나라별 명칭

Zakuski are another name of hors d'œuvre in Russian cuisines. It mainly composed of cured or smoked meats, fishes and pickled vegetables. Zakuski are often accompany with Russian liquor like vodka.

In Chinese cuisine, it is called cold plate. In Japan, Zensai (前菜) is Japanese style hors d'œuvre.

● 오르되브르(Hors d'œuvre)는 러시아에서는 자쿠스키(Zakuski), 일본에서는 젠사이(Zensai, 前菜), 중국에서는 냉반(冷盤) 혹은 꿔차이(前菜)로 불린다. 전채 요리는 각 나라별로 상이하지만 하나 러시아에서는 보드카가 자

쿠스키로 제공되는 경우가 많다 .

이탈리아에는 아페르티보(Aperitivo)라는 식전 음식이 있는데, 결혼식 같은 행사나 명절에 먹는 요리이며 정찬 요리 전에 나오는 음식이다. 서서 먹는 경우가 흔하며 포도주와 함께 먹는다. 또한 안티파스토(Antipasto)는 전채의 개념으로 차갑거나 뜨거운 요리를 먹는 것이다. 연어나 참치로 요리한 음식을 많이 먹는다

## 3. 내용 구성

If there is some free time before main course, such as cocktail party or tea time, It is necessary for guests to talk their jobs or family stories, appetizer is a good food items for their relationships. These might also serve the purpose of sustaining guests during the wait, in the same way that aperitifs are served as a drink before meals.



● 전채는 제공되는 온도에 따라서 차가운 전채(Cold Appetizer)와 뜨거운 전채(Hot Appetizer)로 구분된다. 연회행사나 파티 시 손님이 도착하여 대기하는 동안 무료함을 없애기 위해 드링크류나 칵테일과 동반되는 간단한 요리로 미리 준비해 본요리를 먹기 전에 접대한다. 연회파티의 형식과 내용에 따라서 전채는 동반될 수도 있고 그렇지 않을 수도 있다. 이것은 주최하는 측의 주문에 의하거나 파티의 성격에 따라서 정해진다.

Exhibition display of cold appetizer

Hors d'oeuvre sometimes may be served at the table as sit-down meal, But they usually served before sitting at the table.

● 전채는 일반적으로 연회장의 별실에서 차려진 상태로 제공되는 경우가 많으며 스탠딩 뷔페식으로 제공된다. 격식이 있는 곳에서는 테이블에 직접 제공되기도 한다.

### (1) Cold

Catalan lobster

Seared tuna crostini, sweet and sour pineapple

Cherry tomato with ricotta cheese, dried tomato and capers

Oxtail terrine, parsley, cucumber pickled

Fois gras terrine, toast, apricot jam

Mini mozzarella in carrozza
Semi dried cherry tomato, parmesan cheese

Cold tomato soup, crab meat celery

Daniele Ham, rucola salad pear, walnut, parmesan cheese

Champagne ham brioche, black sesame seed

Roast beef roll, rucola, mandarin

Marinated scallop, fennel, orange salad

Snapper roll, lemon confit dressing

Feta cheese, pomegranate, fresh fig

Cured salmon, salmon roe, sour cream

Goose liver terrine, grapefruit compote

Cured Salmon Roll, Crab Meat

Grissini Rolled with Coppa Ham

Serrano Ham, Melon

Rucola Salad, Pears, Walnut, Parmesan Cheese

Marinated Scallop, Avocado, Tomato Salsa

Truffle Creme Brulee

San Daniele Ham, Mozzarella Crostino

Cured Salmon, Rucola, Salmon Roe

Goat Cheese Praline, Hazelnut

Goose Liver Pate, Kraft Corn Bread, Figs

Lobster , Prawns, Micro Leaves, English Muffin

Watercress, Spinach, Pumpkin Seed Garlic Salad

Veal Ballotine

Low Roasted Pork loin, Polenta Crostino Tomato Salsa

Organic baby tomato, shredder mozzarella Black olives sauce

## (2) Hot

Tiger Prawns in Whisky and Lime Jacket

Goat Cheese Parcel

Crab Cake, Tartare Sauce, Seaweed

Spinach and Ricotta Cannelloni

Goat Cheese, Red Onion Tartellettes

Asparagus Mini Tarte

Cod Fish, Seaweed Fritters

Stuffed Potato Gnocchi with Oxtail Ragout

Crispy Raviolo, Spinach, Ricotta Cheese Tomato Coulis

Mini Calzone Champagne Ham, Mozzarella Cheese

Lamb Skewer Rolled with Mushroom, Bacon Leek and Bell Peppers on Tomato Salsa

Beef Skewer, Zucchini, Bell Peppers, Onion Tomato Salsa

Tomato Soup Tuscany Style, Roasted Prawn, Basil

Slow Cooked Jeju Pork Belly Polenta Crostino, Pistacchio

Smoked cod fish soufflé, asparagus cream

Mini beet burger, gruyere cheese, cucumber, shallot, dry tomato

Barley, porcini mushroom risotto cake



## 4. 종류

### (1) Canapé

A canapé is a small, fancy style and a little salty toast based finger food.

● 카나페는 모양이 작고 아기자기해 한 입에 먹기에 좋도록 만든 요리이다. 크래커나 빵류를 여러 모양으로 작게 잘라 위에는 각종 고기, 소시지, 치즈, 야채, 피클, 푸아그라(foie gras) 및 해산물 등을 올려 모양을 만든다.

Canapes are often served during cocktail hours, it is desired that it be either salty or spicy, in order to encourage guests to stimulate the appetite.

● 카나페는 약간 짜게 하거나 향이 강할 필요가 있다. 위액 분비를 촉진해 식욕이 돌게 하기 때문이다. 우리나라는 술안주와 식사가 구분되어 있는 경우가 많으나, 외국의 경우 카나페는 식사라기보다는 술안주의 개념이 강하다.

Generally, canapé are placed on white bread, cut in thin slices and shaped with some cutters. Shapes usually include circles, squares, strips or triangles.

● 카나페의 바탕이 되는 베이스(base)는 흰 식빵을 원형(round), 사각형(rectangulare), 삼각형(triangle) 등으로 잘라서 토스트(toast)하거나 위에 겨자, 크림치즈, 마요네즈 혹은 합성버터(compound butter) 등을 발라준다. 이는 빵이 습기를 흡수해 눅눅해지는 것을 막고 맛을 내기 위함이다.

● The composition of a canapé consists of a base, a spreading dip, a main food item, and a top garnish last. The spread is a compound butter, mustard mixture, mayonnaise and a flavored cream cheese.

Foie gras and ray bread

Duck cannelloni

카나페는 ① 바탕(base), ② 스프레드(바탕 위에 바르는 것), ③ 중심재료 ④ 고명(장식, garnish)으로 구성하는 것이 일반적이다. 이를 기본으로 너무 커도 안 되며 손으로 집기에 적절한 크기여야 한다. 사용되는 빵의 종류는 크래커, 식빵, 호밀빵 등 사용 가능한 모든 종류의 빵이 대상이 된다.

### (2) 볼로방(Vol-au-vent)

A vol-au-vent is like small and hollow case of puff pastry.

● 볼로방의 의미는 바람에 숨이 찬(blown by the wind)이라는 뜻인데 작고 둥근 퍼프 페스트리(Puff Pastry)이다.

Finger food

Canape

Deviled egg

### (3) 스모가스보드(smörgåsbor`d)

Smörgåsbor`d is a Swedish cold food. It mainly consist of smoked and fresh meat, fish, salmon gravlax.

● 스웨덴어로 훈제품, 연어절임 및 카나페 등의 차가운 음식을 진열하여 놓은 진열대를 의미하는데 현대적 뷔페의 효시가 되었다.

### (4) 아뮤즈 겔(amuse gueule/amyzgœl) 또는 아뮤즈 부슈(amuse bouche/amyzbuʃ)

An amuse-bouche or amuse-gueule is a single, bite-sized hors d'œuvre.

● 아뮤즈 겔은 비교적 단순한 오르되브르로, '입을 즐겁게 하는 것' 이라는 의미가 있다.

### (5) Cold cuts

Cold cuts are precooked cured meat, often sausages or meat loaves, that are sliced and usually served cold on sandwiches or on party trays.

● 콜드 컷은 큰 소시지의 일종으로 슬라이스로 얇게 잘라서 샌드위치 속에 넣거나 트레이(tray)에 진열하며, 시장이나 호텔의 델리숍에서 낱개로도 구매가 가능하다. 우리나라에서는 부대찌개 등에 넣기도 한다.



### (6) Crudités(크루더트)

Crudités or vegetable sticks are traditional French appetizers comprising sliced vegetables which are dipped in dipping sauce.

● 크루더트는 Dipping Sauce를 동반한 생야채(Raw Vegetables)를 뜻한다. 주로 유리병 속에 잘게 파쇄한 얼음을 넣고 그 속에 막대기 모양으로 길게 자른 셀러리, 당근, 무 등을 넣어서 손으로 집어 딥소스에 찍어 먹는 형태이다. 다른 말로는 야채스틱(vegetable stick)이라고 한다.

### (7) Deviled eggs

Deviled eggs are hard-boiled eggs cut in halves and then filled with egg' s yolk mixtures. They are served cold and as a side dish, appetizers.

● 데블드 에그는 삶은 계란을 반으로 잘라 속의 노른자(Yolk)를 마요네즈, 겨자, 고금 및 후추 등으로 간을 한 다음, 흰자(White) 속에 패스트리 튜브로 짜 넣어 장식을 한 것으로 스터프드 에그(stuffed egg)로 부르기도 한다. 고명으로 캐비아, 연어알, 파슬리 및 올리브 등을 올린다.

### (8) Cheese

Cheese is a milk-based food products, produced throughout the world in wide-ranging flavors, textures, and forms.

● 치즈는 각 나라별로 맛, 촉감 및 형태가 제각각이다. 그뤼에 치즈, 크림치즈, 아메리칸 슬라이스치즈 등의 연질 및 경질 치즈를 많이 사용한다. 속 채우기를 하거나 먹기 좋게 잘라서 트레이에 진열해 술안주로 이용한다.

Assorted cheese, buffet style

Assorted cheese, individual plate

### (9) Sausages

A sausage is a processed food made from meat, herbs, and spices. It is formed in a casing made from either animal' s intestine or synthetic.

● 소시지는 고기, 생선 등을 분쇄한 다음 향료를 넣어서 훈제를 하거나 삶아서 먹는 것으로 원래 외피는 동물의 창자로 만드나 대량화 · 상업화가 된 지금은 케이싱(casing)으로 모양을 형성한다. 애피타이저로 이용되며 단독으로 이용하기 보다는 잘라서 모양을 내거나, 오르되브르에 사용한다.

Assorted grilled sausages



### (10) Dumplings

Dumplings are a cooked dough of ground meat and various spices. The usual cooking methods are boiling, steaming, simmering and frying. The inside filling are different from regions and counturies.

● 덤플링은 흔히 만두와 같은 음식으로 재료는 밀가루, 감자가루 등으로 만든다. 속은 고기, 생선 등을 갈아서 양념을 한 후 채워 넣고 찌거나 굽는 것이다. 그대로 먹을 수도 있으나 나라별로 수프나 스튜의 가니쉬 등으로 이용한다.

### (11) Bruschetta

Bruschetta is grilled french bread rubbed with garlic and topped with olive oil, salt and pepper. Toppings are usually tomato concasse, meats, cheese and herbs.

● 브루스케타는 다진 마늘과 올리브유를 홍피망, 토마토, 절인 고기 및 모차렐라 치즈를 바게트빵 위에 올려 놓은 것을 말하며 Snack이나 애피타이저로 활용된다.

## Check

1. 우리나라 안주와 서구의 Appetizer에 대하여 서로 비교를 하라.

2. 브루스케타와 마늘빵(garlic bread)에 대하여 차이점에 대하여 비교를 하라.

3. 한식요리 중에서 세계적인 Appetizer로 갈음이 되는 메뉴를 고안하라

# 1. Cod fish, baby potatoes, garlic with pimento sauce

## Ingredients(1 serving)

80g Cod fish fillet cut in 3 pieces (cube)

40g Baby potato, cut in small dice boiled

5mL Lemon dressing

2g Chive, chopped

As needed Salt and pepper

2g Roasted pine nuts (5 pieces)

2g Garlic chips (2 pieces)

3g Micro leaves (beet)

3g Extra virgin olive oil

3g Fresh herbs

2g Parsley chopped

### For the sauce

50g White bread, soaked in cream

5g Roasted garlic

10g Roasted pine nuts

10mL Extra virgin olive oil

20mL Vegetables stock

5g Potato cream

## Methods

1. Season the warm potato with lemon dressing, chopped chive and parsley, check the season with salt and pepper.

2. Meanwhile roast the cod fish cube in a hot pan with extra virgin olive oil and herbs.

3. Arrange the potato in a stainless steel ring and press well till nicely compact.

4. Spread the pine nut sauce in the middle of the plate and arrange in the center the potato, take out the ring and place on top the cod fish and arrange in the centerthe micro leaves salad seasoned lightly with lemon dressing.

5. Arrange on top the garlic chips and the pine nuts around and complete with few drops of extra virgin olive oil.

# 2. Deviled eggs

## Ingredients(8 eggs)

4 hard cooked eggs

1 tablespoon sweet or India relish

1 tablespoon ketchup

1 tablespoon mayonnaise or salad dressing

½ teaspoon prepared mustard

salt and pepper, to taste

paprika and parsley flakes (optional)

## Methods

1. Place eggs in saucepan.
2. Cover with at least one inch of cold water over tops of shells.
3. Cover pot with lid and bring to a boil over medium heat.
4. As soon as the water comes to a full boil, remove from heat and let stand.
5. Cool the egg in the ice water.
6. Cut eggs lengthwise and remove yolks. Blend yolks with remaining ingredients, mashing until smooth.
7. Using a pastry bag, squeeze the egg mixture into the egg white halves.
8. Sprinkle top lightly with paprika and flaked parsley.
9. Refrigerate until serving.

# 3. Musk melon and Prosciutto ham

**Ingredients**(4 servings)

1 ripe cantaloupe (musk melon)

¼ pound (125 g) Prosciutto ham, sliced paper thin (2~4 slices per person)

1 lemon, cut in wedges

Freshly ground black pepper

## Methods

1. Cut the melon into 8 wedges, discarding the seeds.
2. Carefully slice the rind off the melon, placing the melon back on the rind for presentation.
3. Drape 2 to 4 slices of Prosciutto over the melon.
4. Garnish with lemon wedges and serve with freshly ground black pepper.

## Further Study

Prosciutto is an Italian word for ham. In English, the term prosciutto is almost always used for a dry-cured ham that is usually sliced thin and served uncooked.



## Check

1. Ham의 종류에 대하여 알아보자.
2. A dry-cured ham이란 무엇인가?
3. Melon의 종류에 대하여 알아보자.

# CHAPTER 2 스톡 (Stock)

*Object of the study*

코스의 두 번째인 수프에 대하여 기본적인 이론 구성을 알아보고 차차 세계 각국의 수프에 대한 응용성을 개발한다.



## 1. 정의

Stock is a the base of soup, sauce and stew. it is usually flavored with meat and bone, spices and other ingredients. Stock is made by simmering various ingredients in cold water.

● 스톡은 모든 요리의 기본이 된다. 동서양의 모든 요리를 불문하고 스톡의 중요성은 강조하여도 지나치지 않다.

## 2. 재료구성

### (1) 고기

Leftover meat[1], such as on and around bones, is a good ingredients for high quality and tasty stock.

1) 부스러기 고기

● 뼈 주위에 붙어 있는 고기를 정제하고 난 후의 잡고기들은 좋은 국물 재료가 된다. 특히 관절 연결부위의 뼈들은 아교질이 많아서 맛이 더욱 좋다.

### (2) 뼈

Beef, and chicken bones are most commonly used. The flavor of the stock comes from the cartilage[2)] and connective tissue of bones. Connective tissue has collagen in it, which gets converted into gelatin.

● 모든 종류의 뼈를 이용 가능한데 쇠고기, 가금류 및 생선뼈 등이 그러하다. 국물의 맛은 뼈의 연골, 연결조직 및 세포에서 나오는데 이는 콜라겐이 있어 나중에 젤라틴으로 변환된다.

Stock made from bones needs to be simmered for longer than stock made from meat.

● 뼈로 우려내는 맛국물은 고기로 우려내는 것보다도 더 긴 시간이 필요하며, 압력을 이용하는 조리기구로 시간을 단축시킬 수 있다.

### (3) 미르포아(Mirepoix)

Mirepoix is a combination of onions, carrots, and celery stalks. Often the undesirable parts of vegetables are used because they canl not be eaten.

Mirepoix, either raw, roasted or sautéd with butter or oil, is the base of stocks, soups, stews and sauces.

● 미르포아는 당근, 셀러리, 양파 등을 모은 것으로 스톡의 맛을 증진시키는 좋은 재료이다. 주로 먹지 못하는 부분인 끝동이나 껍질 등을 많이 사용하기 때문에 원가절감을 통해 재료를 가장 경제적으로 활용할 수 있다.

2) 연골

면의 경우 대부분 멸치맛 국물을 기본으로 한다.

곰탕은 소고기뼈가 중심이 된다.

베사멜소스는 흰색육수가 사용된다.

### (4) 허브와 스파이스

The herbs and spices used widely in cooking and the usage are depend on local traditions. In classical cuisine, the use of a bouquet garni[3]. They are consist of parsley, bay leaves, a sprig of thyme, and possibly other herbs.



● 미르포아 이외에 스톡을 만들 때 들어가는 재료는 허브와 스파이스이다. 이전의 요리는 부케 가르니(방향초 다발)라고 하며 파슬리, 월계수잎, 통후추(Whole peppercorn) 등 혹은 타임(Thyme) 등을 주머니에 넣어서 스톡과 같이 끓이는 데 사용하였다.

## 3. 스톡 및 브로스(Stock or broth)

Stock is the thin liquid produced by simmering raw ingredients: solids are removed, leaving a thin, highly-flavoured liquid.

Broth differs in that it is a basic soup where the solid pieces of flavoring meat or fish, along with some vegetables, remain. It is often made more substantial by adding starches such as rice, barley or pulses. Traditionally, broth contains some form of meat or fish.

3) 방향초 다발

● 종종 스톡과 브로스는 혼돈되는데 스톡은 원재료를 끓여서 만든 묽고 향이 나는 액체이고, 브로스는 간을 한 고기, 생선 및 야채 등이 남아 있는 기본 수프이다. 쌀, 보리, 콩 등을 첨가함으로서 보다 더 요리에 근접해 있다.

그러나 최근에는 스톡과 브로스를 명확하게 구분하지 않는 실정이며, 현대적 요리에서도 별 의미를 부여하지 않는다.

## 4. 종류 및 형태

### (1) Brown stock (fond brun)

The brown color is achieved by roasting or sauteing of the bones and mirepoix. This also adds a rich, full flavor.

● 색상별로는 갈색이 나는 브라운 스톡과 흰색의 화이트 스톡이 있다. 갈색 스톡은 뼈 및 미로포아를 색이 나도록 볶은 것으로 향이 더 진하며 맛이 강한 편이다.

Beef bones are the most common ingredients used in a brown stock. In many cases tomato paste is added for good color. The acid in the paste helps break down the connective tissue helping accelerating the formation of gelatin, as well as giving color to the stock.

● 소고기뼈로 만드는 육수는 보편적인 갈색 육수이다. 토마토페이스트를 볶아서 넣는데 이는 토마토에 함유된 산이 젤라틴 형성을 촉진하는 동시에 색상을 내는 역할을 하기 때문이다.

### (2) White stock

Fond blanc, or white stock, is made by using raw bones and rather white mirepoix. Chicken bones are the most common bones for fond blanc because of lower prices.

● 흰색 육수는 흰색이 나는 재료들을 사용하는데 닭뼈 및 생선뼈가 대표적이다.

Fish stock is made with fish bones and chopped mirepoix. Fish stock should not be cooked more than 30 minutes. Over cooking makes the stock bitter and cloudy.

● 생선스톡은 생선뼈를 사용하며 30분 이상 끓이지 않는다. 그 이상 가열하면 향이 쓰고 맛이 변질되어 고유의 맛이 나지 않는다.

Concentrated fish stock is called fish fumet[4]. In Japan, a fish and kelp[5] stock called dashi, boiled briefly skipjack tuna(bonito) or other fish bones.



● 생선스톡은 일본이나 한국 등지에서 많이 만드는데 국물용 멸치나 생선뼈를 사용하며 일본어로 다시라고 한다.

Vegetable stock is made only vegetables. It is common today and for vegetarians.

● 채식주의자를 위한 야채 스톡도 있는데 이는 고기가 전혀 들어가지 않아 순수한 야채맛을 느낄 수 있다.

## 5. 준비 및 유의 사항

There are some basic rules for preparing stock.

4) 농축된 생선스톡
5) 다시마

● 스톡을 준비하는 기본 사항을 나열하면 다음과 같다.

① All of the stocks start with cold water. This promotes the extraction of collagen[6].

반드시 찬물에서 시작한다.

② Stocks are simmered gently, with bubbles just breaking the surface, and not be boiled rapidly. If boiled, the stock might be cloudy.

천천이 끓여야 한다. 그렇지 않으면 색깔이 우중충해진다.

③ Salt is usually not added to a stock, as this causes it to become too salty, since most stocks are reduced to make soups and sauces.

조미료나 소금은 넣지 않는다. 나중에 다시 끓여 소스나 스튜의 원재료가 되기 때문이다.

④ Meats are added to a stock before vegetables, and the scum[7] that rises to the surface is skimmed off.

고기를 야채보다 먼저 넣어야 하며 표면에 떠오르는 거품은 제거한다.

⑤ If you want to remove the fat, after the stock is made, let it be cooled and the fat which floats, remove with skimmer[8].

지방이나 기름기는 나중에 스톡을 식힌 다음 제거한다.

⑥ Stocks can be frozen for longer use.

차후의 사용을 위하여 냉동 보관한다.

6) 콜라겐
7) 끓일 때 표면에 떠오르는 찌꺼기
8) 스키머, 표면에 떠오르는 이물질을 걸러내는 기구

## Check

1. Stock을 준비할 때 기본적인 사항을 나열한 뒤 그 이유를 말하라.
2. Stock의 종류 재료에 따라서 몇 가지가 있는가?
3. Mirefoix의 용도는 무엇이며 어떤 재료가 사용되는가?

## For Exercise

- 다음은 스톡을 만드는 레시피이다. 재료와 방법을 한글로 번역하라.

### Ingredients

4 pounds chicken
7 cups water
1 large onion, halved
3 stalks celery
3 carrots, cut into 2 inch pieces
1 bay leaf
1 teaspoon grated fresh ginger
salt to taste

### Directions

1. Place the chicken in a large pot over high heat.
2. Add water to cover and bring to a boil, then reduce heat to medium low and simmer for 1 hour.
3. Remove chicken from pot. Leave water in pot. Cool chicken.
4. Remove skin and bones from meat.

5. Return bones and skin to pot.
6. Add onions, carrots, celery, bay leaf, ginger, and salt.
7. Continue simmering for 3 to 4 hours.
8. Strain and cool the stock, uncovered.

Use the meat for soups, salads, sandwiches, or other dishes where cooked chicken is needed. After stock has been defatted, use or freeze immediately.

# CHAPTER 3 수프 (Soup)

### Object of the study

코스의 두 번째인 수프에 대하여 기본적인 이론 구성을 알아보고 차차 세계 각국의 수프에 대한 응용성을 개발한다.



## 1. 정의

A soup is a meal course that is made by combining ingredients such as meats and vegetables in stock, juice, water or another liquid.

## 2. Soup of the world

### (1) 나라별 전통 수프(Nation's traditionlal soup)

세계 모든 나라에는 각각의 전통적인 수프가 있다. 우리나라의 경우 미역오이냉국 및 소고기뭇국이 있고 일본은 된장국(미소국), 중국은 제비집수프 등이 있다.

### (2) 지역별 수프

① Chinese : Winter melon soup

Winter melon soup is often served in Chinese cuisines. If winter melon is unavailable, It can be substitute with a cucumber.

- 중국요리로서 겨울철에 자주 먹는다. 멜론 대신 오이를 써도 무방하다.

② Colombia : Ajiaco

Ajiaco is so heavy[1] that it is usually considered a full meal.

- 콜롬비아는 한때 스페인의 식민지였던 관계로 스페인풍의 음식이 남아 있는데 이 수프는 크림, 아보카도 등이 들어가며 양이 많아서 한 끼 식사로도 가능하다.



③ Creole[2] : Gumbo

Gumbo is a stew or soup[3] which originated in south Louisiana. It consists primarily of a strong stock, meat or shellfish.

- 굼보는 미국 남부 루이지애나 주의 명물요리이며, 수프 혹은 스튜로 구분된다. 계절 구분이 없는 음식이나 특히 겨울철에 좋다. 중심재료는 쌀과 맛국물이다.

④ England : Mock turtle soup

Mock turtle soup is an English traditional soup that was created in the 18th century.

1) 음식에서 heavy의 뜻은 '먹어서 배가 부른' 혹은 '양이 많은', '진한' 의 뜻이다.
2) 미국 Louisiana 주에 이주한 프랑스 사람의 자손
3) Soup와 Stew의 구분은 일반적으로 국물의 양을 기준으로 한다.

It often uses organ meats such as calf's head or foot to duplicate[4) ] the texture and flavor of the true turtle meat.

● 18세기경의 영국 수프로 모조 자라수프라 불리며 맛을 모방하기 위하여 자라 대신에 소의 뇌 및 족발 등으로 만들어진다.

### ⑤ France : French onion soup

French onion soup is an onion and thick beef broth or a beef consomme based soup traditionally served with croutons and cheese on top.

● 진한 소고기국물에 양파를 볶아서 만든 프랑스식 양파수프로 위에는 크라통(Crouron)과 치즈(Cheese)를 뿌려 먹는다.

French onion soup

Korean Pork soup

Cream of mushroom soup

### ⑥ Hungarian : Goulash soup

Goulash soup is a soup with beef, pork, paprika, tomato, potato and onion.

● 굴라시 수프는 헝가리 및 동유럽의 전통 수프로 소고기, 감자 및 토마토가 중심 재료이다. 색이 붉으며 수프와 스튜의 중간 개념의 요리이다.

4) 모방하다. 복사하다.

### ⑦ Indian : Mulligatawny[5)]

Mulligatawny is a soup with meat, vegetables and spices.

● 말리거토니 수프는 카레가 들어간 인도 음식으로 닭, 소고기, 양고기 등이 사용된다.

### ⑧ Italian : Minestrone

Minestrone is a famous Italian vegetable soup, with noodles or rice. It has becom a  worldwide cuisine.

● 미네스트론 수프는 전통적인 이탈리아 음식으로 콩, 감자, 토마토, 셀러리, 양파 등이 사용되며 특정 채소가 아닌 계절의 모든 재료가 골고루 들어갈 수 있다. 파스타나 쌀 등이 첨가되기도 한다.



### ⑨ Japanese : Miso

Miso soup(misoshiru) is a traditional Japanese fermented soup, composed of a stock called dashi(stock) into which is mixed miso paste[6)].

● 미소는 일본식 된장을 말하며 미소시루는 일본식 된장국을 의미한다. 된장은 콩을 발효해 만든 단백질, 비타민 및 미네랄의 보고로 일본에서는 밥 다음으로 상용화된 국 종류이며 흰색, 빨간색 등이 있다. 미소 수프는 멸치로 맛을 낸 맛국물에 풀어서 두부, 유부 및 파 등을 넣고 만들어 먹는다.

### ⑩ Korean : Sundubu jjigae

Sundubu jjigae is Korean hot and spicy stew or soup made of un-curdled tofu, meat or any seafood selected.

5) (인도의) 카레가 든 수프
6) 된장

A raw egg usually is broken and put into the jjigae while it is boiling. It is reallly favorite meals in South Korea.

● 한국의 찌개는 수프보다 진하며 스튜에 가깝다. 순두부찌개는 순두부를 주재료로 하며 부재료로 조개나 육류를 사용한다. 그 밖에 두부, 마늘 및 고춧가루 등이 사용되는데, 끓을 때 생달걀을 넣기도 한다. 부드러워 소화가 잘 되며 맛이 좋아 남녀노소에게 사랑을 받는 한국의 전통음식이다.

Korean seafood jjigae



### ⑪ Mexican : Pozole

Pozole is a soup or stew of Mexico made of corn, meat, chili pepper and other seasonings. I tis a well known cure for hangovers[7] and is often eaten in the earlist hours of the morning as a preventive[8].

● 멕시코 요리는 세계 4대 요리 중의 하나로 2010년 세계 무형문화재에 등재되었다. 포졸레는 이른 아침에 숙취를 다스리는 음식으로 알려져 있다. 중심 재료는 옥수수, 돼지고기, 칠리고추 등이다.

7) 숙취
8) 예방, 예방법(약)

### ⑫ Middle East : Lentil soup

Lentil soup is made with red, green, or brown lentils.

● 중동의 음식은 종교적인 색채가 강한 편인데, 콩수프의 경우 성경의 창세기에 기록이 되어 있을 정도로 오래되었으며, 채식주의자를 위한 음식이다. 중동의 수프라기보다는 여러 나라에 널리 퍼진 음식으로 빨간색 및 파란색 콩이 주로 사용된다.

### ⑬ Portuguese : Caldo verde

Caldo verde is a traditional Portuguese cabbage soup.

● 칼두 베르데는 포르투갈의 수프로 '푸른색의 수프'를 뜻한다. 양배추나 케일이 사용되며 감자, 양파 등도 사용한다. 이베리아 반도의 돼지고기 소시지인 Chorizo가 들어가며 포르투갈 전통빵인 브로아(broa)가 동반된다.



### ⑭ Russian : Borscht

Borscht is a famous local cuisine of Eastern and Central European nations. It has  starchy vegetables, such as potatoes and beets.

● 보르쉐는 동부 및 중부 유럽의 전통 수프이며 비트(Beetroot)가 들어가 색이 붉다. 감자, 시금치, 비트 및 고기류가 들어가며 차게 먹기도 한다.

### ⑮ Spanish : Cazuela

Cazuela is a soup, considt of rice, potato, squash, corn and chicken or beef meat.

● 카수엘라는 남미에 사는 스페인 사람들의 수프로 칠레(Chile) 및 페루(Peru)를 비롯한 남미에서 볼 수 있는 음식이다.

재료는 쌀, 감자, 호박 및 닭이나 소고기 등이다.

⑯ Thai, Malaysia, Singapore, and Indonesia : Tom Yum

Tom Yum is a traditional Thai soup or stew.

● 타이는 해산물이 풍부하며 세계 4대 요리대국에 속한다. 톰얌은 타이의 유명한 음식으로 스톡에 레몬그라스, 라임, 생선소스 및 칠리고추 등이 들어가 맛이 얼큰하다.

우리나라의 신선로처럼 불을 지펴 데워 먹는 스튜형식의 수프이다. Tom Yum goong은 새우나 해산물이 들어간다.

⑰ Vietnamese : Pho

Pho is a Vietnamese noodle soup, usually served with beef or chicken. The soup has rice noodles and is often served with lime, green bean sprouts[9], and peppers as condiments.



● 포는 베트남식 전통 쌀국수로 쇠고기나 닭고기가 들어가며 쌀로 만든 국수와 숙주를 비롯해 바실 및 고추가 들어간다.

## 3. 차가운 수프

### (1) 정의

제공하는 온도에 따라 따라 분류되며 차가운 수프와 뜨거운 수프가 있다. 일반적으로 뜨거운 수프가 중심이 되지만 차가운 수프는 별미로 여름철에 제공이 가능하다.

9) 숙주(나물)

### (2) 내용

① Bulgarian : Tarator

Tarator is a traditional Bulgarian dish. It is a cold soup, popular in the summertime in Albania, Bulgaria and other middle eastern countries. It consists of yogurt, cucumbers, garlic, walnuts, dill, vegetable oil, and water.

● 타라토르는 불가리아식 냉수프로 주변국인 알바니아, 마케도니아, 터키 및 이란까지 널리 퍼진 여름철에 먹는 음식이다. 요구르트에 오이, 마늘, 월넛 등이 들어가며 차게 먹는다.

② French-American : Vichyssoise

Vichyssoise is a French traditional soup made of pureed leeks, onions, potatoes, cream, and chicken stock. It is traditionally served cold, but can also be eaten hot.

● 프렌치 아메리칸은 미국에 이주한 프랑스 후손들이다. 비시스와즈 수프는 대파, 감자, 크림 및 치킨 스톡을 넣어 만든 진한 수프이다.

③ Indonesian : Sayur Asem

Sayur asem is a popular Indonesian sour and spicy soup with vegetables.

● 사위르 아셈은 인도네시아의 시큼하고 얼얼한 야채수프이다.

10) 메밀

### ④ Korean : Naengmyeon

Buckwheat[10] noodles is a famous Korean noodles in a iced beef broth, including julienned vegetables, and Korean pear, a boiled halved egg and cut beef slices.

● 냉면이 수프의 영역에 들어가는 것은 우리나라 사람으로서 이해하기 쉬운 일은 아니다. 그러나 외국의 식습관은 건식 문화로서 국물이 있는 것은 일반적으로 수프나 스튜의 요리로 이해한다. 한국의 냉면은 메밀로 만들어지며 여름철에 시원하게 먹는 별미이다.

Law fish cold noodle with spiced fish

Iced cold noodle with condiment



### ⑤ Polish : Cucumber soup

Cucumber soup is a traditional Polish soup. It consists of sour, salted cucumbers and potatoes.

● 폴란드의 오이수프로 소금에 절인 오이가 사용되며 감자나 쌀이 들어가기도 한다.

### ⑥ Spanish : Gazpacho

Gazpacho is a Spanish pureed tomato and vegetable soup. It usually eaten cooled in summertime.

● 가스파초는 스페인 및 포르투갈을 비롯한 남미 일부 국가의 전통 수프로 토마토를 기본으로 사용 하고 있으며 여름철에 즐겨 먹는다.

## 4. Fish soups

### (1) 정의

생선류 및 갑각류가 들어간 수프로 피쉬스톡을 기본으로 한다.

### (2) 종류

#### ① Belgian : Waterzooi

Waterzooi is a classic stew of Flanders. The original form is made of fish, though today chicken waterzooi is more common.

● 벨기에의 주식은 감자로 빵과 함께 많은 양의 감자를 섭취한다. 또한 북해와 접해 있어 각종 해산물이 생산된다. 와테르주이(Waterzooi)는 크림과 해산물을 이용해 만든 수프로 벨기에 전통요리이다.

#### ② Finnish[11) ] : Lohikeitto(Finnish Salmon, Cream and Potato Soup Salmon Soup)

Lohikeitto ia s soup made with salmon, potatoes, vegetables, cream and dill.

● 로이케이토는 노르만 제국 중의 하나인 핀란드의 연어수프이다.

#### ③ French : Bouillabaisse

Bouillabaisse is a traditional Provencial fish stew originating from the port city of Marseille.

11) 핀란드의

● 부야베스는 프랑스의 전통적인 수프로 프로방스 지방의 마르세유 항구에서 만들어졌다. 최소한 세 가지 이상의 생선이나 갑각류를 사용해 만든다.

Bouillabaisse



④ Greek : Psarosoupa(Fish Soup with Red Snapper and Vegetables)

Psarosoupa is a Greek soup, its broth thickened with eggs and lemon.

● 프사로수파는 그리스의 생선수프로 적도미와 각종 야채가 들어간다.

⑤ Italian-American : Cioppino

Cioppino is a fish stew with tomatoes and a variety of fish and shellfish.

● 치오피노는 미국 샌스프란시스코에서 시작된 이탈리아 음식으로 생선 스튜이다. 1800년대 말 어느 이탈리아 부부가 그날 잡은 생선으로 음식을 만들기 시작했다고 전해진다. 농어, 광어 및 새우 등이 사용된다.

### ⑥ Norwegian : Bergen

Bergen ia s heavy, creamed soup made with white fish (haddock, halibut, cod) and various vegetables.

- 노르웨이에서 두 번째로 큰 도시 이름을 딴 베르건 수프는 대구, 명태, 야채 등으로 만든 진한 수프이다.

### ⑦ Russian : Ukha

Ukha is a soup made from fresh fish with spices, mainly made of cod or salmon, vegetables, lime, dill, parsley and black pepper.

- 우하는 러시아식 맑은 수프로 대구, 연어 등과 채소가 들어간다.

### ⑧ Scotland : Cullen Skink

Cullen Skink is a fish soup made with smoked Haddock[12], pota toes, onions and cream from

- 쿨렌싱크는 스코틀랜드 요리로 훈제연어나 대구 및 감자, 양파와 크림이 들어가는 진한 수프이다.

### ⑨ Thai : Lan Sikik

Lan Sikik is a soup made with noodle, dried fish and tomato extract.

- 란 시킥은 태국의 수프로 누들, 말린 생선 등이 들어간다.

12) 대구

Thai lobster soup

Beef consomme tortellni

Tomato soup

⑩ **Vietnamese : Sour soup**(fish soup)

Dish made with rice, fish, various vegetables, and in some cases pineapple.

● 아시아의 시큼한 수프는 각 지역마다 특징을 가지면서 발달했다. 아시아권에서는 싱가포르의 시니강(Sinigang), 베트남의 칸츄아(Canh chua) 및 태국의 톰얌(Tom yam) 등이 있다. 유럽권에는 러시아의 Shch(쉬)와 borscht(보르시치) 등이 있다.
베트남식의 생선 수프에는 생선, 쌀 및 채소 등이 들어간다.



## 5. Noodle Soup

### (1) 개요

Noodle soup refers to a variety of soups with noodles and other ingredients served in a light broth. Noodle soup is an East and Southeast Asian popular staple.

● 면이 중심재료로 이용되는 수프를 누들수프라고 하며 동아시아 및 동남아시아에서 주식으로 자리를 잡고 있다.

### (2) 종류

#### ① Chinese : Bird's nest[13] soup, Mian, Fuhn

Rice noodles in broth, usually beef, chicken or custom broth

#### ② Filipino : Log-log

Egg noodle soup (regional variants include Kinalas, Batchoy)

#### ③ Vietnamese : Pho

Staple noodle soup

#### ④ Japanese : Ramen

Fresh or dried noodles in broth



#### ⑤ Italian : Pasta Fagioli

#### ⑥ Hawaiian : Saimin

Fresh, soft, undried egg noodles in bonito[14] fish or shrimp broth with Chinese, Japanese, Filipino, Hawaiian, Korean and Portuguese influences

Seafood soup

Korean dried pollack soup

Korean ugegi soup

13) 제비집 수프
14) 멸치

## 6. Bisques

### (1) 개요

Bisque is a smooth, creamy, highly-seasoned soup of French origin, classically based on a strained broth (coulis) of crustaceans. It can be made from lobster, crab, shrimp or crayfish.

Bisque is a type of rich, thick, creamy soup which has been pureed so that it has an even texture. Traditionally, bisque includes seafood, wine or cognac, and cream, along with a mixture of spices.

● 비스크는 프랑스식의 진하고 부드러운 크림 상태의 수프를 말하는데 주로 갑각류의 껍질을 우려낸 맛국물을 이용한다. 크림을 넣은 다음 끓여서 천에 걸러 질감이 균일하며 색도 선홍색이다.



### (2) 종류

Lobster, Crab, Tomato, Chestnut, Squash, Shrimp bisque 등

## 7. Chowders

### (1) 개요

Chowder is a type of rich soup, usually made with seafood, vegetables, and cream. Traditionally, chowder includes a base of bacon and is thickened with broken up crackers.

● 차우더는 진하고 풍부한 수프의 일종으로 스튜에 가까우며 전통적으로 베이컨, 해물, 부순 크래커나 비스킷류를 포함한 진한 수프를 말한다. 뉴잉글랜드 지방에서는 조개류가 들어가면 조개차우더 수프라고 말하며 토마토를 첨가하면 맨하탄식 차우더라고 말한다.

### (2) 종류

①New England style clam chowder

Thick soups usually containing seafood and potatoes, milk and cream.

②Manhattan style chowder

③Corn chowder

## 8. Chupe

### (1) 개요

In many South American countries, thick soups or stews are called chupes. It is thought of as a soup, although it more closely resembles a stew.

● 남아메리카에서는 진한 수프나 스튜를 주페라고 한다. 수프이기는 하지만 스튜에 더 근접해 있다.

## 9. Cream

### (1) 개요

크림이나 우유를 넣어서 만든 전통 수프로 베사엘 소스와 같은 흰색 소스를 이용한다.

### (2) 종류

Cream of tomato, Cream of mushroom, Cream of broccol, Cream of celery, Cream of chicken, Cream of potato 등

● 감자, 셀러리, 브로콜리, 콜리플라워, 대파, 양송이 등 재료에 따라서 메뉴가 매우 다양하다.

## 10. Fermented soups

### (1) 개요

전통발효식품을 이용하여 만든 수프로 일본의 미소국과 한국의 전통 된장국이 있다.



### (2) 종류

#### ① Miso soup

A traditional Japanese soup produced by fermenting rice, barley and soybeans

#### ② Doenjang Jjige(된장찌개)

Doenjang Jjige is a Koean traditional bean paste soup or stew. Usually served with  tofu and green onions, many variations include other ingredients.

# 1. Smoked Salmon Chowder

## Ingredients(4 to 6 servings)

1 tablespoon olive oil
3 M. leeks, white and light green parts only, rinsed and sliced (about 3 cups)
1 garlic clove, minced
1 large potato, peeled and cubed
1 large stalk celery, chopped
½ teaspoon salt

½ teaspoon freshly ground black pepper

2 cups vegetable broth

2 tablespoons tomato paste

2 cups milk

8 ounces smoked salmon, flaked

½ cup heavy cream

2 tablespoons chives, chopped

## Preparation

1. Heat the olive oil in a large, heavy–bottomed pot over low heat. Add the leeks and garlic and sautéthem for 2 minutes.

2. Add the potato, celery, salt, and pepper and cook over medium heat for about 1 minute, stirring constantly.

3. Add the broth and simmer until the potato is tender, about 15 minutes.

4. Add the tomato paste and milk, then the salmon, and bring the mixture back to a simmer for a few minutes (but don't let it boil, or the milk will separate).

5. As it simmers, stir in the cream. Remove from heat, garnish with the chives.

# 2. Minestrone

## **Ingredients**(8 servings)

⅓ pound sliced pancetta[15], chopped

3 medium red onions, chopped

4 celery ribs, chopped

2 medium carrots, chopped

⅓ cup extra-virgin olive oil

1 bunch chard[16] stem, chopped

6 garlic cloves, finely chopped

---

15) Italianis dry cured pork belly, similar to bacon.

16) A leafy vegetable, a sort of beet (근대)

17) Endive is a leaf vegetable.

2 tablespoons tomato paste
1 (28ounce) can whole tomatoes in juice
3 quart hot water
5 cups coarsely chopped cored cabbage
5 cups coarsely chopped escarole[17)]
1 tablespoons Parmasna cheese
1 (19ounce) can beans, rinsed and drained

## Preparation

1. Cook pancetta, onions, celery, and carrots in oil in a wide heavy pot over medium heat, stirring occasionally, while preparing chard.

2. Chop chard stems, reserving leaves. Stir stems into pancetta mixture with garlic, 1 t salt, and ¾ t pepper and continue cooking, stirring occasionally.

3. Push vegetables to one side of pot. Add tomato paste to cleared area and cook, stirring constantly, until it starts to caramelize, about 2 minutes. Stir paste into vegetables and cook, stirring, 2 minutes.

4. Stir in tomatoes with their juice, breaking them up with a spoon, then add hot water (3 quarts), scraping up any brown bits from bottom of pot.

5. Bring to a simmer. Stir in cabbage, escarole, and parmesan rind. Simmer, covered, until greens are tender.

6. Coarsely chop chard leaves and stir into soup along with beans. Simmer, partially covered, 10 minutes. Discard rind. Season soup with salt and pepper.

## For Exercise

1. 다음을 단계별로 설명하라.
① Stock
② Soup
③ Stew

2. 색상별 Stock(맛국물)의 종류를 말하라.

3. 소고기를 사용하는 수프의 이름을 말하라.

4. 차가운 수프의 종류를 말하라.

# CHAPTER 4 샐러드와 드레싱 (Salad and Dressing)

*Object of the study*

샐러드는 야채를 주재료로 하고 부수적인 재료를 더해 만드는 형태의 음식이다. 고기를 많이 섭취하는 현대인에게 비타민과 무기질을 공급하여 영양의 균형을 맞추는 요리로 세계 각국의 샐러드에 대하여 풍부한 식견을 가지는 것을 목표로 한다.



## 1. 개요

Salad is any of a wide variety of dishes including vegetable pasta, legumes, eggs, or grains. It combines meat, poultry, or seafood and fruis.

● 샐러드는 야채를 중심으로 고기, 가금류, 파스타, 해물 및 과일 등을 동반하는 음식으로 수프 다음에 제공되며 메인음식과 같이 나온다.

## 2. 구성

### (1) Green salad

The green salad or garden salad is most often composed of leafy vegetables such as lettuce, spinach, or asparggus.

Due to their low caloric density, green salads are a common diet food.

● 채소로만 구성된 클래식한 샐러드로 그린샐러드 혹은 가든샐러드라고 다양하다. 잎채소로 구성되어 있으며 이용하는 채소는 양상추, 시금치 및 아스파라거스 등 다양하다. 저칼로리이고 식이섬유가 풍부하기 때문에 다이어트식품으로 각광을 받고 있다.

Beans Salad

Broccoli Slaw

Chicken Salad

Chinese Chicken Salad

Chef's Salad

Caprese Salad

Fattoush(Pita Salad)

Fruit Salad



## (2) Vegetable salad

Vegetables other than greens may be used in a salad. Common vegetables used in a salad include cucumbers, peppers, tomatoes, mushrooms, onions, spring onions, red onions, avocado, carrots, celery, and radishes.

● 채소 샐러드는 그린샐러드의 범주에 속해 있으며 그린샐러드가 잎채소를 주로 사용하는 반면에 채소샐러드는 오이, 피망, 버섯, 양파 등 그린색상이 아닌 다른 야채들의 사용이 자유롭다. 고명으로 삶은 달걀, 올리브, 치즈 등도 사용한다.

### (3) Bound salad

A bound salad can be composed (arranged) or tossed (put in a bowl and mixed with a thick dressing). They are assembled with thick sauces such as mayonnaise. One portion of a true bound salad will hold its shape when placed on a plate with an ice-cream scoop.

● 바운드 샐러드는 마요네즈나 겨자같은 진한 소스 등으로 볼에서 버무려진 샐러드를 말하며 달리 Mixed Salad라 칭한다. 참치샐러드, 감자샐러드 및 파스타샐러드 등은 이러한 범주에 들어갈 수 있다. 바운드 샐러드는 샌드위치용 속채우기(Filling)로도 사용된다.

Pasta Salad

겉절이/한국

Taco Salad

Caesar Salad

Potato Salad

Waldorf Salad

Asparagus Salad

Mushroom Salad



### (4) Main course salads

Main course salads are commonly known as entree salads in North America. They contain grilled or fried chicken pieces, seafood such as grilled or fried shrimp.

● 샐러드라기보다는 한 끼 식사에 가까운 샐러드로 앙트레 샐러드라고 불린다. 여러 방법으로 요리된 육류, 치킨, 해산물 등을 곁들인다.

### (5) Fruit salads

Fruit salads are made of fruit, and include the fruit cocktail that can be made fresh or from canned fruit.

● 과일로 만든 샐러드로 지역에서 나는 계절의 과일을 이용하거나 통조림에서 가공된 과일을 사용하여 만든다.

### (6) Appetizer salads, light salads to stimulate the appetite as the first course of the meal

● 전채샐러드는 식욕 촉진이 목적인 샐러드로 최근의 경향은 샐러드코스를 빼고 전채샐러드로 진화하는 경향이 있다.

# 1. Lobster salad escabeche style, watercress and raspberry dressing

**Ingredient** [30g Lobster(6 pieces)]

Marinated for lobster

50g Shallot slice

100g Carrot slice cut round undulate

100g Fennel slice

50mL Extra virgin olive oil

40mL White wine vinegar

A pinch of Coriander seed

A pinch of Fennel seed

A pinch of Sugar

100mL Water
3 each Coriander roots
3 Watercress
5 Frisee lettuce
5mL Raspberry dressing

## Methods

1. Sweat sliced shallot, carrots and fennel in olive oil until soft.

2. Deglaze with white wine vinegar. Add in coriander, fennel seed and coriander root. Add sugar and water and reduce.

3. Simmer until half of the liquid is absorbed by the vegetables.

4. Season to taste. Leave to cool down and pour over the lobster. Refrigerate overnight to marinate.

5. Arrange the vegetables of the marinate in one line on the plate and place on it the lobster cut in small pieces.

6. Place on top the Frisee lettuce and watercress.

7. Dress on the side with the raspberry dressing.

# CHAPTER 5 샐러드 드레싱 (Salad Dressing)

*Object of the study*

샐러드에 동반되는 각종 드레싱을 학습하고 동서양의 재료를 자유롭게 믹싱하여 샐러드 요리를 한 단계 고양시킨다. 현재 식초와 기름을 기반으로 하는 서양식이 보편적이며, 동양식으로는 간장, 참기름 및 청주 등을 기반으로 한 것과 동남아시아의 피쉬소스를 기반으로 한 것이 있다.



## 1. 용도

Sauces for salads are often called 'dressings'. The concept of salad dressing varies across cultures. In Western culture, there are three basic types of salad dressing:

## 2. 구분

### (1) 비너그렛(Vinaigretté)

비너그렛 드레싱은 식초를 기반으로 기름 및 허브 혹은 스파이스로 향을 가미한 액성 혼합물을 칭한다.

여러 응용방법이 있지만 가장 기본인 것은 식초와 기름의 비율을 3:1로 맞추는 것이다. 식초와 기름은 서로 융합되지 않으므로 반드시 거품기로 휘저은 다음 사용해야 한다.

발사믹 비네그렛(Balsamic vinaigrette)은 양파 및 그 밖의 양념을 발사믹 식초에 넣은 것으로 프랑스에서는 엔초비(anchovies), 라즈베리(raspberries), 레몬주스 등을 넣기도 한다. 비네그렛은 절임 목적으로도 사용된다.

### (2) 액상 드레싱

마요네즈를 기반으로 하되 요구르트나 사워크림 등도 사용한다.

### (3) 가열 조제드레싱

액상드레싱과 유사하나 달걀노른자를 넣어 가열한 것을 말한다.

Seared tuna, basil and cream marinated vegetables and organic green.

# 1. Blue cheese dressing

## Ingredients

½ tsp. garlic salt

½ tsp. white pepper

dash black pepper

½ tsp. Worcestershire sauce

¼ c. milk

2 tbsp. vinegar

2 c. mayonnaise (Hellman's)

¾ c. crumbled blue cheese

2 ⅓ C

## Method

1. Blend together dry spices then add the Worcestershire sauce.

2. Add the milk then let it sit for a few minutes, to dissolve the spices.

3. Have the mayonnaise measured out as well as the blue cheese crumbles before you add the vinegar to the milk mixture.

4. Add the vinegar to the milk mixture. It will start to curdle; this is normal.

5. Add the mayonnaise and whisk together well. When blended, add the Blue cheese crumbles.

6. The longer you let this refrigerate, the better the flavor will be. A must have for hot wings.

# 2. Caesar dressing

## Ingredients (1⅓C)

1 cup mayonnaise

1 tbsp lemon juice

1 tsp Worcestershire

1 clove of garlic (minced)

¼ tsp salt

⅛ tsp pepper

½ c Parmesean cheese

1 tbsp of milk or half and half

## Method

Mix all ingredients together and shake or whisk until well blended.

# 3. French dressing

## Ingredients(4C)

½ cup cider or red wine vinegar

3 cloves fresh garlic, peeled

¼ cup water

1 ½ cups olive oil

1 small can tomato puree or soup

2 teaspoons Worcestershire sauce

¼ – ½ cup sugar, to taste

½ teaspoon black peppercorns

1 teaspoon prepared mustard

1 shallot, peeled (optional)

## Method

1. In a blender or food processor, process garlic and vinegar.

2. Allow to sit for 5 minutes before proceeding with recipe. This takes the raw edge off the garlic flavor.

3. If using a shallot, add and process at this point, along with any chosen fresh herbs.

4. Add remaining ingredients and process until smooth.

## Note

This is a basic recipe; herbs such as fresh basil, oregano and thyme may be added for variation.

# 4. Italian dressing

## Ingredients(2C)

⅓ cups olive or vegetable oil

⅓ cup red wine vinegar

¼ tsp. whole peppercorns

pinch of hot pepper flakes

3 cloves garlic

¼ teaspoon rosemary

¼ teaspoon oregano

¼ teaspoon basil

½ teaspoon salt, or to taste

¼ teaspoon freshly ground black pepper

¼ cup grated Parmesan cheese

## Method

1. Process all ingredients in a blender til smooth, or mince the garlic and whisk together.

2. To make a flavorful marinade, double the herbs, add another clove or two of garlic and process in blender.

3. To make a French vinaigrette, add 1 tsp. mustard.

# 5. Louis dressing(Crab)

## Ingredients(1 ⅔C)

1 c. mayonnaise

¼ c. chili sauce

¼ c. finely chopped green pepper

¼ c. finely chopped green onion

1 tsp. lemon juice Pinch of salt

## Method

1. Prepare the first 6 ingredients in a large bowl.

2. Make the Louis dressing together. Beat ¼ cup whipping cream to soft peak and fold it into the Louis dressing.

3. Cover and chill. Makes 4 servings.

# 6. Ranch Dressing

## Ingredients(2C)

1 C. mayonnaise

½ C. sour cream

1 tsp. garlic powder

1 tsp. dill weed

¼ C. milk

1 tbsp. parsley, chopped

1 tsp. onion powder

¼ cup buttermilk

## Method

1. Mix together.

2. Keep chilled.

# 7. Russian dressing

## Ingredients

6 stalks celery, chopped fine

1 green pepper, chopped fine

1 med. onion, chopped fine

1 tsp. salt

1 tsp. dry mustard

2 tbsp. Worcestershire

½ c. sugar

½ c. salad oil

½ c. vinegar

1 can tomato soup

## Method

1. Mix together and serve over hearts of lettuce.

2. Or blend in blender for typical Russian dressing.

# 8. Thousand Island dressing

## Ingredients(2C)

½ c. mayonnaise

2 tbsp. chili sauce

2 tbsp. chopped green pepper

1 chopped hard boiled egg

Salt and pepper

12 stuffed olives

1 sm. sweet pickles, chopped

2 sm. green onions

## Method

1. Blend mayonnaise with chili sauce.

2. Add all remaining ingredients.

3. Refrigerate until ready to use. yield 1 ½ cups.

# 9. Lemon Garlic Vinaigrette

## Ingredients

Juice and zest of 1 lemon

¼ cup Parmesan cheese

1 egg yolk (optional)

2 teaspoons Dijon mustard

3 cloves garlic, peeled

¼ teaspoon Worcestershire sauce

½ cup extra virgin olive oil

1 teaspoon fresh basil

¼ teaspoon oregano

a few dashes of Tabasco sauce or hot sauce

¼ teaspoon sea salt

¼ teaspoon black pepper

## Method

1. Wash and remove zest from lemon using a micro-plane grater or zester.

2. In a blender, put 1 tablespoon of the lemon zest with 2~3 tablespoons freshly squeezed lemon juice.

3. Add garlic, Parmesan cheese, egg yolk, mustard, and Worcestershire sauce.

4. Process for 1 minute or until smooth.

5. Drizzle oil through the top of blender opening in a thin, steady stream until the mixture thickens.

6. Taste and adjust seasonings adding salt, pepper, hot red pepper flakes and additional lemon juice or a light wine vinegar, to your taste.

7. A pinch of onion or garlic powder on garlic salt can also help kick up the taste, if needed.

8. Add fresh parsley to blender contents and process 1 or 2 seconds, are just until parsley is coarsely chopped.

9. Refrigerate until ready to use. Serve over your favorite salad ingredients.

## 10. Hummus

Hummus is a Arab dip or spread made from cooked, mashed chickpeas, blended with tahini[1], olive oil, lemon juice, salt and garlic. It is a popular food throughout the Middle East and elsewhere.

● 후무스는 참깨(타히니)로 만든 아랍의 소스로 콩, 참깨, 올리브유, 레몬주스 및 마늘을 갈아서 만든 것이다. 중동지역에서 많이 이용된다.

## 11. Tahini

Tahini or sesame paste is a paste of ground sesame seeds used in cooking. North African and West Asian tahini is made of hulled, lightly roasted seeds.



● 타히니(참깨 페이스트)는 북아프리카 및 중동요리에 이용된다.

### Check

1. Vinaigrette에 대하여 설명하라.

2. 최근 드레싱의 발전 경향에 대하여 설명하라.

3. Oriental Dressing은 어떻게 만드는가?

1) Tahini or sesame paste is a paste of ground sesame seeds used in cooking.

# CHAPTER 6 메인 디시 (Main dish)

## 1. Beef

### Object of the study

소는 하나부터 열까지 자신의 모든 것을 사람들에게 주고 가는 아주 소중한 자원이자 먹을거리이다.



### (1) Beef Cuts

쇠고기는 아주 다양한 부위로 나누어진 다음 요리에 이용된다. 고기를 부위로 나누는 까닭은 상업적인 목적과 요리적인 목적으로 나눌 수 있다. 전자는 쇠고기 도체를 경제적인 목적에서 최대한 이용하여 이윤을 취하기 위함이고 후자는 요리에 적합한 부위를 사용해 최고의 요리를 만들기 위함이다.

요리가 발달한 프랑스는 35부위, 일본 및 중국은 15부위, 동아프리카는 51부위인 반면에 우리나라는 120여 부위로 구분해 사용하고 있다. 이를 통해 한국요리가 세계적인 요리로 발돋움할 수 있는 가능성을 갖고 있다 해도 과언이 아님을 알 수 있다.

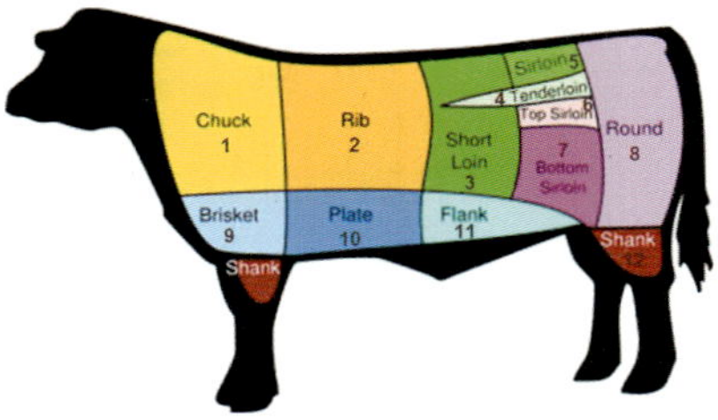


미국식 분류

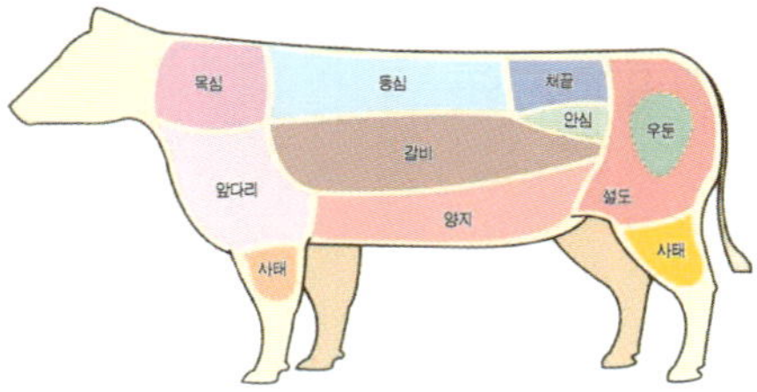


한국식 분류

### (2) 국적별 구분

#### ① 한국식 도체 구분의 예

| 순번 | 구분 | 해설 | 용도 |
|---|---|---|---|
| 1 | 등심 | 꽃등심, 살치살<br>등골뼈에 붙은 살코기로서 갈비뼈의 바깥쪽에 위치하는 부위 | 구이, 스테이크, 전골용 |
| 2 | 목심 | 고기결이 거친 편이나 맛성분이 많다 | 불고기, 탕 |
| 3 | 앞다리 | 꾸리살, 갈비 덧살, 부채살(낙엽살)<br>운동량이 많아 질기다. | 육회, 스튜, 장조림 |
| 4 | 갈비 | 갈비살, 마구리, 토시살, 안창살, 제비추리 | 갈비, 찜, 탕, 구이용 |
| 5 | 양지 | 업진살, 차돌백이, 치마살 가슴에서 배 아래쪽까지 이르는 부위로 지방이 많다. | 구이, 탕 |
| 6 | 사태 | 아롱사태 다리의 오금에 붙은 부위 | 육회, 탕, 찜, 장조림용 |
| 7 | 우둔 | 우둔살, 홍두깨살 엉덩이 부위 | 산적, 장조림, 육포, 불고기 |
| 8 | 설도 | 보섭살, 설깃살, 도가니살 뒷다리쪽 부위 | 산적, 장조림, 육포용 |
| 9 | 채끝 | 허리뼈(등심 부분의 방아살 아래)를 감싸고 있는 부위로 육질이 부드럽고 지방이 많다. | 스테이크 |
| 10 | 안심 | 육질이 가장 연한 최상품 | 고급 스테이크, 구이 |

② 미국식 도체 구분의 예

| 순번 | 구분 | 명칭 | 순번 | 구분 | 명칭 |
|---|---|---|---|---|---|
| 1 | 등심 | Sirloin | 6 | 티본 | T-Bone |
| 2 | 목심 | Chuck | 7 | 우둔 | Round |
| 3 | 앞다리 | Shank | 8 | 설도 | Shank |
| 4 | 갈비 | Rib | 9 | 채끝 | Striploin |
| 5 | 양지 | Brisket | 10 | 안심 | Tenderloin |

### (3) 굽기 정도의 표현

스테이크를 구울 때는 고객의 주문에 의하여 익힘 정도를 조절해야 한다. 이는 사람마다 식성이 다르기 때문인데 한국인들은 육회를 곧잘 먹으면서도 스테이크의 익힘 정도를 웰던으로 함은 이해하기가 좀 어렵다.

일반적으로 외국인들은 미디엄과 미디엄웰던을 가장 선호한다. 미디엄의 경우 고기 온도는 63~68°C 정도이며 단면을 잘랐을 때 중앙이 핑크색이며 표면으로 갈수록 색이 갈색이 된다.

| Rareness | Temperature | Description |
|---|---|---|
| Very rare | 115~125 °F (46~52°C) | Blood-red meat, soft, slightly juicy |
| Rare | 125~135 °F (52~57°C) | Red center, gray surface, soft, juicy |
| Medium rare | 135~145 °F (57~63°C) | Dark Pink throughout, gray-brown surface, very juicy |
| Medium | 145~155 °F (63~68 °C) | Pink center, becomes gray-brown towards surface |
| Medium well | 155~165 °F (68~74 °C) | Thin line of pink, firm texture |
| Well done | 165 °F (74 °C) | Gray-brown throughout, tough texture, dry |

식당에서는 고기를 주문한 고객과 아래와 같은 대화가 이루어진다.

- 서비스맨 : How would you like your steak, sir(or madam)?
- 고객 : Medium, please.

### (4) Marbled meat

Marbled meat is meat, especially red meat, which contains various amounts of intramuscular fat, giving it an appearance similar to a marble pattern.

● 마블링(Marbling)은 대리석을 뜻하는 Marble에 어원을 두고 있는데, 대리석의 무늬를 닮았다 해서 붙여진 것으로 알려져 있다. 고기에서는 지방교잡도 혹은 상강도(霜降度)라고 하는데 적색 고기 내에 퍼져 있는 펴진 지방을 말한다. 지방교잡이 좋은 고기는 적당히 성숙하고 비육이 잘된 것으로 연하고 맛도 역시 좋다.

● 고기의 지방은 고기의 풍미와 식욕을 돋구는 데 중요한 역할을 하는 것으로서 백색, 유백색, 크림색, 황색 등 여러 가지가 있다. 그 중 유백색의 광택을 띠면서 적당한 부드러움과 탄력을 지닌 것이 가장 좋다.

### (5) 소고기를 이용한 요리

#### ① Beef Steak 및 고명의 배치

일반 레스토랑

A호텔 양식당

학생경연대회 작품

Lamb chop

Grilled pork chop

Veal medallion



#### ② 한국의 대표적인 소고기 요리

갈비소금구이

육회

떡갈비

양곰탕

## (6) Side Dishes

Baked pumpkin

Green asparagus and pancetta

Sauteed green beans and pine nuts

Side dish means starch food or vegetable garnish in main dishes.

Wagyu tenderloin, sweet pumpkin, cemembert, asparagus and pancetta

와규(わぎゅう, 和牛)는 일본의 재래종과 호주의 블랙앵거스(Black angus)종을 교배하여 육질을 개량시킨 최상급의 쇠고기 품종으로 고베비프라는 브랜드로 일본에서 판매되고 있다. 육질향상을 위하여 사사지를 받고 있으며 생산량이 제한되어 있다. 한 마리당 최고 1억 원이 넘는다고 한다.

# 1. Veal, Beef, pork and lamb

## Roasted Jeju black pork belly, dried apricot, balsamic glaze

### Ingredients(1 Serving)

For marinate

10 mL Extra virgin olive oil

1t Rosemary, thyme chopped

5g Pommery mustard

5g Maple sugar

60g Pork belly cut in square, cooked

10g Apricot compote cut in dice

3g Almond sliced

2g Pine nuts toasted

5g Serrano ham chips for decoration (1 each)

50 Shallot stewed in red wine (2 each)

15 Red wine sauce

5mL Balsamic reduction

30g Apple wedge (2 each)

10g Butter

5mL Calvados

5g Sugar

A pinch of Cinnamon powder

## Preparation

1. For the apple, saute them with butter and sugar, when start to caramelize add the calvados, leave to evaporate and add the cinnamon powder.



2. Gently sear the pork in a hot pan and keep in a warm place glazing the top with the balsamic reduction.

3. Regenerate the apricot with a little vegetables stock and add the pine nuts toasted.

4. Arrange the pork belly in the middle of the plate with on top the apricot compote and the almond sliced.

5. Place in one side the shallot glazed with red wine sauce and the other side the apple wedge.

6. Decorate with the Serrano ham chip. Dress around with few drops of red wine sauce.

# Lambloin, wrapped in serrano ham, glazed carrot, lentil ragout, roasted polenta and mushroom

## **Ingredients**(1 Serving)

100g Lamb loin, cleaned

15g Serrano ham, thinly sliced

15g Lamb mousse with herbs, chopped and mushroom brunoise

15mL Red wine sauce

5g Fresh herbs, finely chopped

15g Carrots, blanched (2 each)

15g Golden mushroom(3~4 depend on the size)

30g Polenta, cooked, made a hole in the middle

25g Lentil ragout

1 Beet leaves for decoration (2~3)

4 portion Lentil ragout

25g Lentil

As needed  Vegetables stock

5g Shallot, chopped

5g Celery, chopped

10g Potato cream

30g Potato, cut in dice roasted

10g Green bean, cut in small pieces blanched

10g Tomato concasse

5g Truffle paste

## Preparation

1. For the lentil ragout, blanch the lentil in boiling water for few minutes then sweat the celery and shallot chopped in a pan and then ad the lentil and vegetables stock to cover. Cook till soft.

2. Before serve add potato cream, truffle paste, red wine sauce and at last, green bean, potato and tomato concasse.

3. Roll the lamb loin with the herbs finely chopped then spread the lamb mousse on the prosciutto and wrap the lamb loin tight.

4. Gently roast the lamb and wrap it with aluminum foil and complete cooking at low temperature (80 degrees) in the oven for about 10~12 minutes. Leave to rest and cut in slice of about 3, 5 cm tick.

5. Arrange the lamb in the plate with on side the roasted golden mushroom, the roasted polenta and the glazed carrots with fresh butter and vegetables stock. Arrange the lentil ragout inside the polenta.

6. Place a pinch of rock salt on the lamb and dress in the center with the red wine sauce.

7. Decorate with beet leaves.

# Ravioli and porcini with veal shank sauce

## Ingredients(1 Serving)

10g Fresh butter

5g Parmesan cheese grated

40g Ravioli, stuffed with braised veal shank round shape(1 pieces)

10g Carrot cut in small dice blanched

10g Celery cut in small dice blanched

50mL Veal shank sauce

As needed, Vegetables stock

2g Rosemary, thyme

10g Potato sauce

15g Porcini mushroom, cut in dice

15g Shitake mushroom

5g Dry porcini mushroom

10g Golden mushroom

4g Parsley

## Preparation

1. Sauté porcini, shitake, and dry porcini mushroom in extra virgin olive oil till nicely golden, then add carrots and celery blanched and the veal shank sauce leave to boil and reduce till right consistency.

2. Add at last parsley chopped. Also saut? separately the golden mushroom and kept them warm.

3. Meanwhile, cook the ravioli in boiling water then toss it with fresh butter melted, thyme and rosemary.

4. Arrange the ragout in the plate and place on top the raviolo with around the golden mushroom sauteed.

5. Complete with the parmesan cheese grated on top.

# 2. Poultry

## Braised Chicken with Tomatoes and Olives

### **Ingredients**(2~3 Serving)

1 pound tomatoes (3 to 4 medium), cut into wedges

1 large onion, cut into wedges, leaving root ends intact

½ cup drained brine–cured black olives, pitted if desired

4 large garlic cloves, sliced, plus 1 teaspoon minced

3 tablespoons olive oil, divided

2 teaspoons herbes de Provence, divided

½ teaspoon fennel seeds

1 whole chicken (about 3 ½ pounds)

## Preparation

1. Preheat convection oven to 400°F for regular oven to 425°F with rack in middle.

2. Toss together tomatoes, onion, olives, sliced garlic, 2 tablespoons oil, 1 teaspoon herbes de Provence, fennel seeds, ½ teaspoon salt, and ¼ teaspoon pepper in a 13 by 9inch or other 3quart shallow baking dish. Push vegetables to sides of dish to make room for chicken.

3. Stir together minced garlic, 1 teaspoon salt, ½ teaspoon pepper, remaining teaspoon herbes de Provence, and remaining tablespoon olive oil.



4. Remove excess fat from chicken and pat dry, then rub inside and out with seasoning mixture. Tie legs together with string, then put chicken in baking dish.

5. Roast until an instant−read thermometer inserted into thickest part of a thigh (do not touch bone) registers 170°F, about 1 hour in convection oven; 1 to 1 ¼ hours in regular oven.

6. Let chicken stand 10 minutes before carving. Serve with vegetables and pan juices.

# Duck Confit

## **Ingredients**(4 Serving)

½ cup coarse kosher salt

1 tablespoon dried thyme

2 teaspoons white peppercorns

2 bay leaves

12 whole duck legs (leg and thigh)

15 garlic cloves, peeled

6~7 ounce containers rendered duck fat

1 cup water

2 tablespoons vegetable oil

## Preparation

1. Finely grind first 4 ingredients in spice mill. Trim excess fat from duck legs; place trimmings in bowl, cover, and chill. Rub salt mixture all over duck legs. Layer legs and garlic cloves in large resealable plastic bag. Seal; chill 24 hours.

2. Preheat oven to 325°F. Simmer duck fat, duck trimmings, and 1 cup water in large saucepan over medium-low heat until water evaporates and simmering slows, about 30 minutes. Thoroughly rinse salt mixture from duck and discard garlic; pat dry. Place duck in large deep roasting pan. Pour hot fat over. Cover with foil; place in oven.



3. Cook until meat is tender and falling off bone, about 3 ½ hours. Uncover; cool slightly. Transfer to refrigerator. Chill until cold. Cover; chill at least 4 hours. DO AHEAD: Can be made 1 month ahead. Keep chilled and completely covered in duck fat. Always use clean tongs to remove duck from fat in pan.

4. Before using duck confit in a recipe, preheat oven to 400°F. Heat oil in heavy large skillet over high heat. Remove duck from fat; scrape fat back into pan. Working in batches, cook duck, skin side down, in skillet 1 minute. Transfer, skin side down, to rimmed baking sheet. Roast until skin is crisp and duck is heated, about 15 minutes. Remove from sheet, keeping skin intact.

## 2. Fish

### (1) 생선의 응용

서양요리에 주로 사용되는 생선, 갑각류, 패류, 연체류 및 알류는 아래와 같다.

Anchovy(멸치)

Cod(대구)

Sole(도다리)

Halibut(광어)

Herring(청어)

Sardine(정어리)

Trout(무지개송어)

Salmon(연어)

Flatfish(넙치)

Snapper(옥돔)

Jondori(존도리)

Seabream(도미)

Crab(게)

King Crab(킹크랩)

Lobster(바닷가재)

Shrimp(새우중하)

Tuna(참치)

Mussle(홍합)

Oyster(굴)

Abalone(전복)

Clam(조개)

Scallop(가리비)

Salmon Roe(연어알)

Caviar(철갑상어알)

Courtesy of wikipedia.com

### (2) 서양요리에 응용 가능한 한국의 생선류

우리나라에서 비교적 많이 생산되는 어패류를 잘 활용하면 세계적인 음식으로 만들 수 있다. 예를 들어 오징어를 이용한 요리만 해도 순대, 오징어 스파게티 및 오징어 스테이크 등이 있다.

아귀의 경우, 특급호텔 등에서 찜이나 무스 등도 외국인 아주 좋은 식욕촉진제나 메인요리가 될 가능성을 보이고 있다.

Cuttlefish(오징어)

Octopus(문어)

Skate(가오리, 홍어)

pollack(명태)

Monkfish(아귀)

Mackerel(고등어)

Mackerela pike(꽁치)

Seacucumber(해삼)

# 1. Grilled king prawn, spinach, tomato salsa

## Ingredients(1 Serving)

300g King Prawn shelled without head slightly cut in half (3 ea)

60g Spinach

30g Lemon

2g Watercress

10mL Olive Oil(pure)

little Salt

little Pepper

Herb Chop

30g Tomato, diced

1 Basil

5mL Extra olive oil

5g Garlic cream

## Methods

1. Season the prawns with salt, pepper and fresh herbs then grill them meanwhile sauté the spinach with extra virgin olive oil and garlic, arrange them in the plate and place on top the grilled prawns.

2. Decorate with watercress and place in one side the lemon wedge.

3. Complete with few drops of extra virgin olive oil.

4. Serve with the tomato salsa on the side

Baked king prawn

Seared tuna steak

Sole fillet roo

# 2. Roasted codfish, seared scallop, potato mousseline, mushroom ragout and herb salad

## **Ingredients**(1 Serving)

5 mL Extra virgin olive oil as needed Salt and pepper

120g Cod fish fillet

30g Scallops (2 each)

60g Potato mousseline

40g Mushroom ragout

2g Herbs salad(watercress, chive, frisee, micro leaves)

### For the mushroom

5g Porcini mushroom

10g Shitake mushroom
10g Honey mushroom
3g Onion compote
5g Potato cream
5g Garlic cream
As needed Vegetable stock
5g Parsley chopped

## Preparation

1. Roast the mushroom in extra virgin olive oil till nicely colored then add garlic cream, potato cream, onion compote and same vegetables stock if necessary.



2. Add at last the parsley chopped and check the season with salt and pepper.

3. Meanwhile roast the cod fish with extra virgin olive oil till nicely golden color and complete cooking in the oven.

4. Arrange the potato mousseline in the plate and place in the center the mushroom ragout and on top the cod fish fillet with the roasted scallops.

5. Complete with the herbs salad on top and few drops of extra virgin olive oil.

# CHAPTER 7 사이드 디시와 가니시 (Side dishes and Garnishes)

*Object of the study*

메인디시의 구성요소를 이루는 사이드 디시와 가니시는 요리를 더 품격있게 만들며 상품성을 높이는 역할을 한다. 사이드 디시는 다양한 종류와 요리방법이 있는데, 특히 가니시 요리의 경우에는 창의성이 요구되기 때문에 조리사들의 예술적 감각을 필요로 한다.

*Key Word*

side dishes, garnishes, starch food, potato as side dishes, polenta, risotto

## 1. Side Dishes and Garnishes as starch food

### (1) What is a side dishes?

A side dish, sometimes referred to as a side order, side item, or simply a side, is a food item that accompanies the entrée or main course at a meal.

Side dishes such as salad, potatoes and bread are commonly used with main courses throughout many countries of the western world. New side orders introduced within the past decade, such as rice and *couscous*, have grown to be quite popular, especially at formal occasions.

Couscous is a traditional dish of semolina which is cooked by steaming

Grains of Couscous

● 사이드 디시는 메인요리에 동반되는 음식류로 메인요리에 보조되는 성격의 음식이 일반적이나 추가 주문에 의하여 제공될 수도 있으며, 그 종류는 샐러드, 감자, 빵 및 쌀요리 등이 주류를 이룬다.

Baked Tomato as side dishes.

Duchess Potatoes as garnish that accompanies the entrée.

### (2) What is a Garnish?

**A garnish** is an item or substance used as a decoration or embellishment accompanying a prepared food dish or drink. In many cases, it may give added or contrasting flavor. Some garnishes are selected mainly to augment the visual impact of the plate, while others are selected specifically for the flavor they may impart.

● 가니시는 음식의 품격을 높이기 위하여 접시에 제공되는 장식이나 모양을 내는 형태의 음식재료로 사이드 디시와는 좀 다른 성격을 지닌다. 가니시는 음식에 대한 시각적 효과를 나타내기 위함이 더 강조된다.

시각적 효과를 강조한 메인디시



### (3) What is a starch food?

A staple food, sometimes simply referred to as a staple, is a food that is eaten routinely, and in such quantities that it constitutes a dominant portion of a standard diet in a given population, supplying a large fraction of the needs for energy-rich materials and generally a significant proportion of the intake of other nutrients as well. Most people live on a diet based on just a small number of staples.

● 곡류인 쌀, 밀, 옥수수 및 보리류를 비롯하여 서류인 감자, 고구마, 얌 등 전분이 포함된 재료로 만든 음식으로 서양식의 메인요리에서는 고기류에 동반되어 사이드 디시의 형태로 제공된다.

## 2. 전분음식으로서의 사이드 디시의 종류

### (1) 폴렌타 (Polenta)

**Polenta** is cornmeal boiled into a porridge, and eaten directly or baked, fried or grilled. The term is of Italian origin, derived from the Latin for hulled and crushed grain. It comes from the same base as "pollen". Maize was not cultivated in Europe until the early 16th century.

Cornmeal is a meal (coarse flour) ground from dried maize. It is a common staple food, and is ground to fine, medium, and coarse consistencies, but not as fine as wheat flour.

● 폴렌타는 끓는 물에 옥수숫가루 등의 곡물가루를 넣고 끓인 '죽' 형태의 이태리요리로 로마시대부터 주식으로 사용되었으며, 신대륙 발견 이후 유럽에 옥수수가 유입되면서 옥수수를 중심 재료로 하는 형태로 갖추었다. 죽 상태 그대로 먹거나 굽거나 튀기며 메인요리에 곁들여 먹기도 한다.



옥수수가루(cornmeal, corn Flour)로 만들며 물을 끓인 다음 가루를 넣어서 저어주면서 소금과 설탕을 넣고 크림상태가 될 때까지 계속 저어주면서 치즈를 넣고 마감하고 간을 한다.

### (2) 더치스 포테토 (Duchess Potato)

**Duchess(e) potatoes** consist of a purée of mashed potato and egg yolk, butter, salt, pepper, nutmeg, which is forced from a piping bag or hand-moulded into various shapes which are then baked at 245℃ until golden. They are a classic item of French cuisine.

- 더치스는 공작부인(Duke)이라는 뜻으로 감자를 삶아서 으깬(Mashed~) 상태로 만든 다음 노른자, 버터, 우유, 넛맥, 소금 및 후추로 간을 하여 잘 섞어 파이핑 백으로 모양을 만들어 오븐에서 굽는다.

### (3) 뢰스띠 포테토 (Røsti or Røschtiti, Potato Pancake)

**Rösti or röschti** is a Swiss dish consisting mainly of potatoes. It was originally a common breakfast eaten by farmers in the canton of Bern, but today is eaten all over Switzerland and also in many restaurants in the western world. Many Swiss people consider rösti a national dish.

- 스위스의 전통 감자요리로 감자전과 비슷하다고 보면 된다. 강판에 거칠게 갈아 소금, 후추로 간을 한 다음 팬에서 양면이 황금색이 나도록 굽는다.

### (4) 자켓 포테토 (Jacket Potato)

**A baked potato**, or jacket potato, is the edible result of baking a potato. When well cooked, a baked potato has a fluffy interior and a crisp skin. It may be served with fillings and condiments such as butter, cheese or ham.

● 〈Baked Potato〉라고도 하며, 감자 속을 파내어 여러 내용물을 넣는데 먼저 감자를 깨끗하게 씻어 오븐에서 구어 속을 파낸 다음, 올리브와 양파 등을 넣고 같이 버무려 다시 속을 채운 다음 표면에 치즈를 뿌려 오븐에서 색을 낸 감자요리이다.

### (5) 윌리암 포테토 (William Potato)

● 감자는 껍질을 벗기고 물에서 익힌 다음에 으깨어서 크림, 버터, 달걀노른자를 넣어서 고루 잘 섞은 다음 반죽을 원하는 형태로 만들고 표면에 빵가루를 약간 묻힌 다음, 서양배처럼 만들어 기름에서 황금색으로 튀겨낸 감자요리



### (6) 파르멘티에르 포테토 (parmentier Potato)

In haute cuisine, hachis Parmentier is a dish made with mashed, baked potato, combined with diced meat and sauce lyonnaise and served in the potato shells. In general use, a simpler version is the French equivalent of cottage or shepherd's pie.

The French classic, **Parmentier potatoes** is named after Mr Antoine Augustin Parmentier, a pharmacist. He didn't actually invent the dish but he was a big supporter of the potato and encouraged the spread throughout the nation so thank you Monsieur Antoine.

● 감자는 1cm 정도의 사각으로 자른 다음 소금, 후추로 간을 하고 버터에 볶다가 오븐에서 갈색을 낸 다음 파슬리 가루를 뿌린다.

### (7) 크로켓 포테토 (Croquette Potato)



**A croquette** is a small breadcrumbed fried food roll containing, usually as main ingredients, mashed potatoes and/or ground meat, shellfish, fish, cheese, vegetables, and mixed with béchamel or brown sauce, and soaked white bread, egg, onion, spices and herbs, wine, milk, beer, or any of the combination there of, sometimes with a filling, e.g. sauteed onions, mushrooms, or boiled eggs. The croquette is usually shaped into a cylinder, disk, or oval shape, and then deep-fried.

● 감자를 삶거나 감자가루로 만들며 으깬 다음 버터, 크림, 계란, 빵가루 및 밀가루 등을 넣고 실린더나 통모양으로 만들어서 기름에서 튀긴 감자요리이다.

### (8) 매쉬드 포테토 (Mashed Potato)

**Mashed potato** is a dish prepared by mashing boiled potatoes. Recipes started appearing no later than 1747 with an entry in The Art of Cookery by Hannah Glasse. Dehydrated and frozen mashed potatoes are available in many places.

● 으깬 감자에 버터, 크림, 계란, 빵가루 및 밀가루 등을 넣고 짤주머니(Pastry Bag)에서 모양있게 짠 감자요리

### (9) 폰댄트 포테토 (Fondant Potato)

**Fondant potatoes** are an easy and luxurious side dish to a roast or steak. It is a crusty potatoes roasted with butter and stock.

● 통모양이나 샤토 모양으로 감자를 자른 다음 버터에서 양면을 익혀 육수에 다시 넣은 다음 익히다가 마지막에 오븐에서 구운 감자요리로 닭고기나 로스트한 고기에 좋다.

### (10) 도피네 포테토 (Dauphine Potato)

**Dauphine potatoes** are crisp potato puffs made by mixing mashed potatoes with savoury choux pastry, forming the mixture into dumpling shapes, and then deep-frying them at 170° to 180℃.

The dish is named after the Dauphine, the title given to the wife of the Dauphin, or heir to the French throne

● 감자를 얇게 썰어 약간 포게지게 하여 그라땅 보울에 넣고 간을 한 다음 크림과  치즈를 뿌리고 우유를 부어 오븐에서 익힌 다음 다시 꺼내어 치즈를 넣고 금색으로 굽는다.

### (11) 안나 포테토 (Anna Potato)

**Anna potatoes** is a classic French dish of sliced, layered potatoes cooked in a very large amount of melted butter.

● 감자는 동그랗게 썰어서 찬물에 담그어 전분을 제거한 다음 물기를 제거하고 동그랗게 쌓아올려 버터를 칠하고 오븐에서 구워낸 감자요리

### (12) 리오네즈 포테토 (Lyonnaise potato)

**Lyonnaise potatoes** is a French dish of sliced pan-fried potatoes and thinly sliced onions, sauteéd in butter with parsley. Lyonnaise means "from Lyon", or "Lyon-style", after the French city of Lyon. The potatoes are often par-cooked before sauteeing.

● 리용식 감자는 썰어서 찬물에 담그어 전분을 제거한 다음 버터를 두르고 다진 양파와 감자를 볶다가 다진 파슬리를 넣고 간을 하여 내는 심플한 감자요리이다.



### (13) 플랜 포테토 (Flan Potato)

● 감자를 삶은 다음 퓨레로 만들어 버터, 넛맥, 계란, 후추, 파슬리 가루, 크림 등을 넣어 모울드에 버터를 칠하고 혼합물을 넣어 오븐에서 구운 감자요리

### (14) 올리베또 포테토 (Olivette Potato)

● 감자를 올리베또 형태로 다듬은 다음 물에 약간 익혀 팬에서 버터와 설탕을 넣고 졸여서 글레이징하거나 굽는다.



### (15) 리조토 (Risotto)

**Risotto** is a north Italian rice dish cooked in broth to a creamy consistency. The broth can be derived from meat, fish, or vegetable. Many types of risotto contain butter, wine and onion.

Saffron Risotto

Mushroom Risotto

Creamy Risotto

● 이태리의 요리로 육수를 넣어 크림상태로 걸죽하게 만드는 쌀요리로 사용하는 재료에 따라서 여러 종류의 리조또가 있다.

# CHAPTER 8 파스타 (Pasta)

### Object of the study

파스타는 이태리의 국민음식으로 전 세계적으로 알려져 있다. 가장 많이 알려진 스파게티는 많은 면 중의 하나일 뿐이다. 마르코폴로가 중국에서 배워 이태리로 전파했다는 설이 있는 파스타(Pasta)는 드라이와 생면 파스타의 두 종류로 크게 구분하며 약 350종의 각기 다른 형태가 있다.



## 1. Pasta

### (1) What is a pasta?

**Pasta** is an Italian food made from a dough using flour, water and/or eggs. There are approximately 350 different shapes of pasta. A few examples include spaghetti , macaroni, fusilli, lasagna, and gnocchi. The two basic styles of pasta are **dried and fresh**.

● 파스타는 밀가루와 달걀만으로 반죽한 모든 면을 일컬어 말한다. 파스타는 대부분 글루텐이 많은 듀럼밀(durum wheat, 경질밀)의 배아를 갈아서 만든 세몰리나(semolina)를 이용해 만든다.

### (2) What is a noodle?

The noodle is a type of staple food[1)] made from some type of unleavened dough which is stretched, extruded, or rolled flat and cut into one of a variety of shapes. While long, thin strips may be the most common, many varieties of noodles are cut into waves, helices, tubes, strings, or shells, or folded over, or cut into other shapes.

● 누들은 무발효상태의 반죽으로 길게 펴 밀대로 밀어서 만들며, 주로 가늘고 긴 실형태이다. 파스타가 일반적으로 이태리 면의 총칭이라고 말한다면 누들은 일반적인 비발효 상태의 모든 면을 총칭한다고 하겠다.



### (3) 파스타의 구분

**Fresh pasta** is usually made with fresh ingredients unless it is destined to be shipped, in which case consideration is given to the spoilage rates of the desired ingredients such as eggs or herbs.

**Dried pasta** can also be defined as factory-made pasta because it is usually produced in large amounts that require large machines with superior processing capabilities to manufacture. Dried pasta is mainly shipped over to farther locations and has a longer shelf life.

● 후레쉬 파스타는 신선재료로 만들어지며, 건조 파스타는 대량으로 공장에서 만들어지는데, 유통기한이 길어 수출용 및 판매용의 목적으로 생산된다.

1) 전분음식

● 아래 그림은 파스타 머신으로 만드는 가늘고 긴 면으로 면이 넓이에 따라서 파스타 면의 명칭이 각각 변하고 있다.

taglitella (1mm)

futtuccine (2mm)

trenette (4mm)

lasanette (12mm)



### (4) 파스타의 형태

● 크게 나누어 Long pasta와 Short pasta로 구분 할 수 있는데 롱파스타는 요리용, 쇼트파스타는 수프나 가니시용으로 많이 사용된다.

### ① 모양 및 형상별 구분

1. Tubular shape : 튜브 형태의 파스타(마카로니, 펜네 등)
2. Strand shape : 가닥(실) 형태 파스타(스파게티 등)
3. Ribbon shape : 평면이 넓적한 면의 총칭
4. Micro shape : 소형 파스타(알파벳, 프래굴라 등)
5. Stuffed shape : 속이 차있는 파스타(라비올리, 만두 등)
6. Irregular shapes : 부정형의 파스타(뇨끼, 스패츌 등)

### ② 길이에 의한 구분

Long pasta

Short pasta

● 이태리에서 현재 상업적으로 개발된 파스타의 종류만 해도 수 백가지가 넘는다. 파스타는 크게 건면과 생면으로 나눠지며, 색상이나 모양도 다양하다. 색을 낼 때 빨간색은 당근즙이나 케첩을, 파란 것은 파슬리나 시금치즙을, 노란 것은 치자나 샤프란(Saffronm)을, 검은 것은 오징어먹물 등을 넣은 것이다. 모양도 리본, 나사, 튜브, 별, 조가비, 새집, 만두 모양 등이 있다.

### (5) 파스타의 역사

● 고대 중국(4000년 전)에서 질그릇과 함께 원형이 잘 보존된 채로 발견된 것이 세계 최초의 누들면으로 알려져 있으며, 중국 한나라의 문헌에 면에 대한 기록이 있다. 유럽에서는 기원전 1세기경에 호라티우스가 기록한 라가나(lagana, 혹은 laganum)라는 면반죽이 로마나 그리스에서 있었다.

국수 뱡/한자 중 가장 많은 획(57획)으로 〈뱡뱡면〉은 중국 산시성의 국수요리

중국에서 만들어진 면으로 당면(唐麵) 또는 호면(胡麵)이라고도 함.



### (6) 파스타의 종류

fusille

egg noodle

parfalle

penne

Tagliatelle

linguine

## 2. 나라별 면요리

### (1) 서양식/이태리식

| 요리명 | 요리해설 |
|---|---|
| alla Bolognese | Meat Sauce로 맛을 낸 스파게티 |
| cream sauce | Cream sauce로 맛을 낸 스파게티 |
| tomato sauce | Tomato Sauce로 맛을 낸 스파게티 |
| alla alfredo | 양송이+치즈+고르곤졸라치즈+**생크림** |
| all′ Arrabbiata | 마늘+홍초+파마산치즈+**토마토소스** |
| alla Alio Olio | 홍초+마늘+파르마산치즈+**올리브유** |
| alla Carbonara | 베이컨+치즈+계란+**크림소스** |
| alla di mare | 마늘+여러가지 해산물(조갯살+오징어 등)+**크림소스** |
| Veneziana | 마늘+양파+여러가지 해산물+모짜렐라치즈+**토마토소스** |
| alle Vongole | 조개=마늘+백포도주+**토마토소스** |



### (2) 한식

| 요리명 | 요리해설 |
|---|---|
| 면의 종류 | 일반국수(중면, 소면), 쫄면, 기능성(메밀, 쑥, 호박, 통밀) |
| 온면 | 가락국수, 잔치국수, 장국국수, 유부국수, 추탕국수,<br>된장국수, 국수전골 |
| 냉면 | 회냉면, 동치미냉면, 열무국수, 쟁반(메밀국수), 냉소면 |
| 칼국수 | 닭칼국수, 해물칼국수, 칼제비 |
| 콩국수 | 콩물을 갈아 만든 국수 |
| 골동면 | 비빔국수, 비빔국수 소스 |
| 잡채(당면) | 당면을 이용하여 만들며 광범위한 면요리 이용 |

## (3) 중식

| 요리명 | 요리해설 |
|---|---|
| 자장면 | 춘장을 사용한 요리 |
| 간자장 | 양배추, 양파, 돼지고기로 불에 3분 이상 saute한 다음 볶아낸 채소 위에 춘장을 넣어 추가로 볶음 |
| 삼선짜장 | 해물(오징어, 홍합, 새우)+돼지고기+이 들어감 |
| 사천짜장 | 고춧가루가 들어가서 매움 |
| 유니짜장 | 돼지고기, 감자, 양파 등 들어가는 재료를 모두 잘게 다져서 만든 짜장(부드러움) |
| 기스면 | slice한 채소+해물+파+녹말물+참기름(우동하고 유사) |
| 울면 | 해물+버섯류+달걀물+후추+녹말물+참기름 |
| 탕면 | 채소탕면, 쇠고기탕면, 팔진탕면, 새우탕면 |
| 초면 | 중국식 에그 누들로 만듦(팔진초면 쇠고기초면) |



## (4) 일식

| 요리명 | 요리해설 |
|---|---|
| 메밀국수(소바) | 메밀로 만든 일본 고유의 면요리로 자루, 덴뿌라 및 야끼소바등이 있다. |
| 우동(うどん) | 해산물 국물을 사용한 일본의 면요리 |
| 라멘(Ramen) | Momofuku Ando에 의하여 상업용으로 개발한 인스탄트 면요리 |
| Shirataki noodles | 가늘고 투명한 일본식 면요리로 곤야꾸(こんにゃく)로 만든다. |
| Chanpon(ちゃんぽん) | 중국요리에 기반을 둔 일본요리로 나가사키(長崎市)가 원산지이다. |

## 3. 파스타에 동반되는 소스

| | |
|---|---|
| Arabbiata sauce | Arrabbiata sauce, in Italian, is a spicy sauce for pasta made from garlic, tomatoes, and red chili peppers cooked in olive oil. "Arrabbiata" literally means "angry" in Italian, and the name of the sauce is due to the heat of the chili peppers. |
| aglio e olio | The dish is made by lightly sauteeing minced or pressed garlic in olive oil, sometimes with the addition of dried red chili flakes, and tossing with spaghetti. Finely chopped parsley can also be added as a garnish, along with grated parmesan or pecorino cheese, although according to some traditional recipes, cheese should not be added. |
| alla Carbonara | pasta dish with a sauce made with whipped eggs, and topped with Italian bacon, pepper and grated Pecorino Romano. |
| (Fettuccine) Alfredo | pasta dish with butter and Parmesan cheese. |
| Bucatini alla Matriciana | pasta dish with tomato sauce, guanciale, and grated Pecorino Romano. |
| Pesto | Pesto was prepared in a marble mortar with wooden pestle. First the basil leaves are washed and dried and then put in the mortar together with garlic and some coarse crystals of sea salt, crushed to a creamy consistency.<br>Then the pine nuts are added and crushed together. When the pine nuts are well incorporated in the "cream", the grated cheeses plus olive oil can be added and stirred together with a wooden spoon. Pesto can last in the refrigerator up to a week. |

● 동반되는 소스는 주로 토마토소스가 가장 대중적인데 이태리음식의 특징이 올리브유와 토마토를 많이 사용한다고 해서 다이어트 및 건강식의 대명사로 통하고 있다. 물론 크림이나 고기소스 등도 있지만 최근의 경향은 건강중시 경향으로 토마토소스의 인기가 제일 좋아 보인다.

Bologness Sauce

all' Arrabbiata

Cavatappi with pesto



## 4. 아시아권의 누들요리

베트남 쌀국수

일본 국수

나가사키식 짬뽕

### (1) 아시아권

동남아시아 국가는 쌀이 주식이므로 밀가루보다 쌀가루를 가지고 국수를 만들어 요리를 해서 먹고 있다. 최근의 경향은 쌀가루로 만든 베트남식 국수가 인기를 더하고 있는데 밀가루보다 더 담백하고 뒷맛이 깔끔해 보인다.

쌀국수면(태국제품)

베트남식 해물쌀국수요리

태국, 베트남, 미얀마, 캄보디아, 인도네시아 등의 국수는 각기 이름도 다르고 면의 굵기도 다르다. 국물이 있는 것과 없는 것이 있으며, 일부는 볶음요리도 선보이고 있다. 첨가재료로는 국물국수의 경우, 쇠고기, 닭 및 돼지육수를 골고루 사용하며, 야채로는 파, 숙주, 향채를 사용하고 기호에 따라 레몬이나 라임을 곁들인다.



### (2) 퓨전 및 현지화

한국에서 대표적 중국음식으로 사랑받는 짬뽕이 정작 중국에는 없다. 〈짬뽕〉을 중국어로 '차우마미엔'(炒碼麵)이라고 쓸 수 있지만, 실제 중국 어디에서도 없는 음식이다.

짬뽕은 자장면과 함께 화교들에 의해서 한국화 되었다. 특히 짬뽕의 경우 다양한 재료로 섞어 만들었는데 그 때문에 한국어로 〈짬뽕〉이라는 말로 〈여러 가지가 섞인〉이라는 의미가 있다.

짬뽕이라는 이름은 중국말 '츠판'(吃飯)이 우리나라에서는 〈짬뽕〉으로, 일본에서는 찬폰(ちゃんぽん)으로 굳었다는 게 통설이다.

일본 나가사키항과 우리나라 제물포항(인천)은 1883년 개항되어 그 시기가 비슷한데 이 때 중국인들의 집단이주가 이루어졌다. 따라서 두 항구의 새로운 중국인 이민자들에 의해 새로운 요리를 이 시기에 선보였다는 사실은 지극히 자연스러운 문화교류라고 보여진다. 이후 짬뽕이라는 단어로 두 나라에서 정립되었다.

자장면

해물짬뽕

### (3) 한 국

#### ① 콩국수

콩국수는 차갑게 식힌 콩국물에 국수를 넣어 먹는 우리나라 음식이다. 국물은 물에 불린 대두를 삶은 후 컵질을 제거한 후 갈아서, 베에 걸러 준비한다. 베보자기에 걸러 남은 콩찌꺼기는 비지로 찌개를 만들어 먹기도 한다.

국수는 밀가루에 역시 콩국물을 섞어서 반죽하여 만든다. 주로 여름에 먹으며, 국수에 계란 반숙을 얹고, 토마토 조각이나 오이채를 얹어서 먹으며 간은 소금으로 한다. 한국에서는 19세기 말에 발행된 〈시의전서〉에서 깨국수와 함께 언급된 것을 보아, 이전부터 콩국수가 있었다고 추측된다.

#### ② 어탕국수

여러 가지 민물 잡고기나 추어탕에 국수나 수제비를 넣고 끓인 면으로 여름철에 보양식의 의미를 가진다. 방아잎이나 제피가루를 넣어서 비린내를 가시게 하며 큰 강이 있는 산골지역에 어탕국수를 파는 식당이 보인다.

생선은 민물생선 모두가 해당되는데 붕어, 쏘가리, 메기, 모래무지, 피라미, 쉬리, 퉁가리, 빠가사리 등 다양할수록 맛있으며 미꾸라지도 좋다. 사용하는 국수는 중면이 좋으며 소면은 뜨거운 국물에 금방 퍼져서 맛이 덜하다.

우뭇가사리콩국수

어탕(魚湯) 국수

③ 냉면

모든 국수가 따뜻하게 먹는 반면에 냉면은 차게 먹은 것이 특징으로 비빔냉면과 물냉면, 회냉면 등 다양하다.

주로 메밀이 많이 생산되는 북한(평양 · 함흥) 등 북부지방에서 전래되는 음식으로 물냉면의 경우, 국수 올이 질기고, 국물이 시원하며, 달고 약간 새큼한 배맛이 잘 어우러져 감칠맛을 내는 것이 특징이다. 국수는 메밀가루와 녹말을 섞어 반죽을 한다.



④ 잡채(당면)

당면(唐麵)또는 호면(胡麵)은 녹말을 원료로 하여 만드는 마른 면으로 중국에서 유래되었다. 잡채의 주재료로 쓰인다. 삶아낸 면을 물기를 잘 뺀 다음 시금치, 당근, 양파 등의 채소를 볶아서 같이 볶은 당면과 같이 버무려 뜨겁게 먹는다. 외국인도 좋아하는 음식으로 당면도 넓은 의미에서 국수로 통용된다.

⑤ 잔칫국수

잔칫날에 내는 국수로 경사날에 나오는 물국수류이다. 잔칫날 이외에도 회갑이나 돐상에도 내는데 이는 가는 국수처럼 수명이 길어지기를 바라는 수복(壽福)의 의미를 갖는다.

잡채

잔칫국수

## 5. 이태리 요리 코스의 구성

- 코스의 구성은 안티파스토로부터 시작하여 돌채로 끝난다.



| 코 스 | 중심메뉴 |
|---|---|
| 안티파스토 (Antipasto) | 전채, 식욕촉진제로 프로슈트, 소시지, 올리브, 절인 정어리(혹은 앤쵸비), 신선한 채소나 초절임 채소, 치즈, 해산물 샐러드, 버섯요리 등 |
| 프리모 피아토 (Primo Piatto) | 첫번째 접시로 전식, 파스타나 리조또, 스프류, 피자 |
| 세콘도 피아토 (Secondo Piatto) | 두 번째 접시로 해산물이나 고기 등의 주요리 |
| 콘토르노 (Contorno) | 세콘도 피아토에 곁들이는 채소요리, 샐러드나 감자요리 등 |
| 돌체 (Dolce) | 식후의 디저트로 케익이나 파이류, 아이스크림, 과일 등 |

# 1. Spaghetti

## **Ingredients** (4 serving)

½ pound spaghetti

1½ teaspoons olive oil

4 slices bacon, diced

1½ teaspoons olive oil

½ onion, chopped

½ clove garlic, minced

2 tablespoons dry white wine (optional)

2 eggs

¼ cup grated Parmesan cheese

½ pinch salt and black pepper to taste

1 tablespoon chopped fresh parsley

1 tablespoon grated Parmesan cheese

## Preparation

1. In a large pot of boiling salted water, cook spaghetti pasta until al dente. Drain well. Toss with 1 tablespoon of olive oil, and set aside.

2. Meanwhile in a large skillet, cook chopped bacon until slightly crisp; remove and drain onto paper towels. Reserve 2 tablespoons of bacon fat; add remaining 1 tablespoon olive oil, and heat in reused large skillet. Add chopped onion, and cook over medium heat until onion is translucent. Add minced garlic, and cook 1 minute more. Add wine if desired; cook one more minute.

3. Return cooked bacon to pan; add cooked and drained spaghetti. Toss to coat and heat through, adding more olive oil if it seems dry or is sticking together. Add beaten eggs and cook, tossing constantly with tongs or large fork until eggs are barely set. Quickly add ½ cup Parmesan cheese, and toss again. Add salt and pepper to taste (remember that bacon and Parmesan are very salty).

4. Serve immediately with chopped parsley sprinkled on top, and extra Parmesan cheese at table.

# 2. Spaghetti Vongole

## **Ingredients** (4 serving)

2 large cloves garlic, finely chopped

1 small dried red chile pepper, crushed, or a pinch of red pepper flakes

⅓ cup olive oil

3 pounds small hard shell clams

1 cup clam juice

1 cup dry white wine

Salt

1 pound spaghetti or linguine

1 cup fresh Italian parsley leaves, finely chopped

## Preparation

1. In a large saucepan over medium heat, warm the garlic and chile pepper in the olive oil until the garlic is golden brown, about 1 minute.

2. Add the clams, clam juice and wine. Cover and simmer over medium heat, shaking the pan occasionally until all the clams open.

3. While the clams are simmering, bring a large pot of salted water to a boil. Add the pasta and cook, stirring frequently, until al dente.

4. Drain the pasta and transfer to a large bowl. Add the clam sauce and parsley and toss well. Serve immediately.

# 3. Baked Lasagna

## **Ingredients** (4 serving)

Salt
1 package lasagna noodles
1 ½ pounds lean ground beef
1 medium yellow onion, finely chopped
1 teaspoon minced garlic
1 tablespoon dried oregano
2 cans tomato soup
2 tablespoons apple cider vinegar
Nonstick cooking spray
2 cups cottage cheese (small curd)
2 cups shredded mozzarella cheese

## Preparation

1. Bring a large pot of water to a boil and add salt. Boil noodles according to package directions. Drain and arrange in casserole (see below).

2. While noodles are boiling, brown beef in a large frying pan over medium-high heat, adding chopped onion, garlic and oregano to meat as it cooks. When meat has browned, drain off fat and then add tomato soup and apple cider vinegar. Simmer for 20 minutes.

Preheat oven for 110 degrees ℃.

3. Spray a medium casserole dish with a nonstick cooking spray. Lay noodles lengthwise across bottom of casserole dish. Spread a layer of cottage cheese over top of noodles.

4. Add a layer of meat mixture, then cover with mozzarella cheese and repeat for a total of 3 layers. Finish with a layer of cheese and bake for 30 minutes or until bubbling.

5. Remove from heat and let stand for 5 minutes before cutting and serving.

# CHAPTER 9 소스 (Sauce)

## 1. 개요

In cooking, a sauce is liquid or sometimes semi−solid food served on or used in preparing other foods. Sauces are not normally consumed by themselves; they add flavor, moisture, and visual appeal to another dish.



● 소스는 단독으로 사용하는 것이 아니라 음식에 맛, 향, 윤기 및 풍미를 더하여 주는 요리의 보조적인 재료이다.

## 2. 소스의 분류

프랑스 요리계의 거장이었던 안토닌 카렘과 오귀스트 에스코피에의 분류에 의하여 4대 모체소스 및 6대 모체소스를 살펴보고 현대적 의미에서 이를 살펴본다.

### (1) By Chef Antonin Carême's four mother sauces

① Bechamel, based on milk, thickened with a white roux.

② Espagnole, based on brown stock(usually veal), thickened with a brown roux.

③ Velouté, based on a white stock, thickened with a blonde roux.

④ Allemande, based on velouté sauce, is thickened with egg yolks and heavy cream.

### (2) By Chef Auguste Escoffier's five mother sauces

① Sauce Bechamel, Milk based sauce, thickened with a white roux.

② Sauce Velouté, White stock based sauce, thickened with a roux or a liaison.

③ Sauce Tomate, Tomato based sauce, thickened with a roux.

④ Sauce Espagnole, Roasted veal stock based sauce, thickened with a brown roux.

⑤ Sauce Hollandaise, Egg yolk and butter based sauce, thickened with Emulsion.



## 3. Thickening agent [농밀제(농후제)]

### (1) Roux

① Roux is a cooked mixture of wheat flour and fat.

② It is the thickening agent of classical French cooking.

③ It is used as a thickener for gravy, other sauces, soups and stews.

④ It is typically made from equal parts of flour and fat by weight.

Roux is a cooked mixture of wheat flour and fat. It is the thickening agent of the mother sauces of classical French cooking.

Roux 역시 색깔을 바꾸는 데 큰 역할을 하는데 흰색 루는 흰색, 블론드 루는 연갈색, 브라운 루는 진한 갈색으로 소스의 색상을 변화시킨다.

### (2) Beurre manie

① Beurre manié is a dough, consisting of equal parts of soft butter and flour.

② It is used to thicken soups and sauces.

③ When the beurre manie? is whisked into a hot or warm liquid, the butter melts.

### (3) Starch

① Starch is usually made of startch food, such as potato, sweet potato, corn.

② Starch must be soaked in cold water before using.

③ Stir starch-water with finger or spoon prior to adding.

### (4) Rice Flour

## 4. Color of mother Sauce

5대 모체소스는 색상별로 각기 다르다. 색상이 다른 이유는 사용되는 재료 때문인데 흰색은 밀가루, 우유 및 크림, 갈색은 갈색 루, 갈색 육수에 의한 것이며  노란색은 달걀노른자. 빨간색은 토마토나 퓌레 및 케첩 등에 의한 것이다.

Sauce Bechamel

Sauce Velouté

Sauce Tomate

Sauce Espagnole

Sauce Hollandaise

Allemande

## 5. 5대 소스 및 파생소스

| 브라운 소스(Brown Sauce) | 벨루테 소스(Veloute Sauce) |
|---|---|
| 데미글라스 소스(Demi-Glace Sauce) | 양송이 소스(Mushroom Sauce) |
| 마데이라 소스(Madeira Sauce) | 알망드 소스(Allemande Sauce) |
| 샤토브리앙 소스(Chateaubriand Sauce) | 빌레르와 소스(Villeroi Sauce) |
| 부르귀뇽 소스(Bourguignonne Sauce) | 라비고트 소스(Ravigote Sauce) |
| 보흐델레즈 소스(Bordelaise Sauce) | 슈프림 소스(Supreme Sauce) |
| 비가라드 소스(Bigarade Sauce) | 오로라 소스(Aurora Sauce) |
| 베르시 소스(Bercy Sauce) | 알브페라 소스(Albufera Sauce) |
| 로베르 소스(Robert Sauce) | 헝가리안 소스(Hongroise Sauce) |
| 포트와인 소스(Port Sauce) | 백포도주 소스(White Wine Sauce) |
| 페리구르뎅 소스(Perigourdine Sauce) | 크림 소스(Cream Sauce) |
| **토마토 소스(Tomato Sauce)** | **베사멜 소스(Bechamel Sauce)** |
| 미트 소스(Meat Sauce) | 모어네이 소스(Mornay Sauce) |
| 피자 소스(Pizza Sauce) | 슈비즈 소스(Soubise Sauce) |
| 이탈리안 소스(Italian Sauce) | 뉴버그 소스(Newberg Sauce) |
| 나폴리탄 소스(Napolitan Sauce) | 카디날 소스(Cardinal Sauce) |
| 볼오네즈 소스(Bolonaise Sauce) | |
| 프로방샬 소스(Provencale Sauce) | |
| 밀라노 소스(Milanaise Sauce) | |
| 피가로 소스(Figaro Sauce) | |
| 크림토마토소스(Cream Tomato Sauce) | |
| 바질 소스(Basil Tomato Sauce) | |
| **홀란다이즈 소스(Hollandaise Sauce)** | |
| 샹틸리 소스(Chantilly Sauce) | 베어네즈 소스(Bearnaise Sauce) |
| 무슬린 소스(Mousseline Sauce) | 쇼롱 소스(Choron Sauce) |
| 말테즈 소스(Maltase Sauce) | 라헬 소스(Rachel Sauce) |

## 6. 갈색 소스의 유사 개념 정리

### (1) Gravy(그래비)

고기나 야채 등에서 흘러나오는 액즙(국물)

### (2) Espanole Sauce(에스파니올 소스)

모체소스로서 다른 수많은 파생소스의 근본이 되며 브라운 루(brown roux)에 갈색육수(brown stock)를 더한 다음 tomato paste나 tomato puree를 넣어 만든다. 일반적으로 브라운 소스라고 부르는 경향이 있다.

### (3) Brown Sauce(브라운 소스)

'갈색소스' 라는 뜻으로, 가장 광범위한 용어로서 갈색의 루(브라운 루)에 갈색의 육수(브라운 스톡)을 더하여 만든다.



### (4) 데미글라스[demi-glace, 드미글라스(불), 데미글라스(영)]

'데미' (demi)는 반(半)이라는 뜻이다. 글라스(glace)는 '얼음' 이라는 의미이지만, 요리 이름으로 사용될 때는 '졸임' 이라는 의미가 된다. 즉, '데미글라스 소스' 는 '졸여 만든 진한 소스' 라는 뜻이다.

만드는 방법은 소뼈를 오븐에 갈색이 될 때까지 굽다가 물을 붓고 한참 끓이다가 양파, 셀러리, 당근 등의 채소를 넣고 다시 끓인 뒤 거른다. 이러한 과정을 반복해서 이미 만들어 둔 육수에 더하고, 다시 끓이기를 12시간 이상 하여 토마토 페이스트, 와인, 허브 따위를 넣고 졸여서 걸쭉한 갈색이 나면 완성이다.

# 1. Brown Sauce

## Ingredients

3 shallots or scallions, finely chopped

3 tablespoons butter

1 cup red wine

10 $\frac{1}{2}$ ounce can beef bouillon

1 teaspoon tarragon

Pinch thyme

salt, pepper

Beurre manié

1C



## Preparation

1. Sauté the chopped shallots or scallions in the butter. Gradually add the wine and bouillon.

2. Let it come to a boil and add the seasonings.

3. Cook down for a few minutes.

4. Add beurre manie to thicken to taste. Let simmer for a few minutes and strain.

## Variations

1. Bordelaise Sauce : Add a little poached marrow to the brown sauce. Correct the seasoning and add a touch of chopped parsley.

2. Sauce Diablé : Add 1 tablespoon Dijon mustard and a few dashes Tabasco to the brown sauce. Stir well.

3. Sauce Périgueux : Add finely chopped truffles to the brown sauce.

# 2. Veloute Sauce
# Asparagus Velouté

## Ingredients

2 pounds (1 kg) white asparagus

1 quart (1 L) chicken stock (or store–bought) or chicken broth

A bit of sugar

5 cup (30 g) cornstarch

1 egg yolk

1 cup (25 cl) heavy cream

Salt



## Preparation

1. Wash the asparagus. Cut 2 inches (5cm) off the tips and save them for another use. Do not peel the stalks but cut them into 1.5inch (3cm) pieces.

2. Bring the stock or broth to a boil in a soup pot. When it bubbles, add the asparagus pieces and sugar. Turn down the heat, cover, and simmer for 20 minutes.

3. Blend and pass through a fine strainer (a chinois if possible), pressing on the solids with a spoon to extract as much liquid as possible. Put the soup back in the pot, bring back to a boil, and boil about 30 minutes more.

4. Thoroughly mix the cornstarch in a bowl with 1 tablespoon cold water. Beat the yolk and cream together in a bowl large enough to hold all the soup.

5. When the soup in the pot has been reduced by about half, whisk in the cornstarch mixture. Boil for 1 minute, whisking constantly, and then gently pour everything into the bowl with the egg–cream mixture, whisking as you pour.

6. Pour the contents of the bowl back into the soup pot and heat very gently in order to thicken. Stir with a spatula and turn off the heat at the first sign of boiling. Blend. Season with salt as necessary.

# 3. Tomato Sauce

## Ingredients

1 tablespoon olive oil

1 small onion, diced (about ½ cup)

2 cloves garlic, minced (about 1 tablespoon)

1 small red bell pepper, diced (about ½ cup)

1 cup dry white wine

2 sprigs fresh marjoram

3 sprigs fresh thyme

6 whole leaves fresh basil

1 (15 ounce) can crushed tomatoes

1 tablespoon tomato paste

print a shopping list for this recipe

4/C

## Preparation

1. In medium saucepan over moderate heat, heat oil until hot but not smoking. Add onion, garlic, and pepper and sauté until just tender, 6 to 7 minutes. Add wine, marjoram, thyme, and basil and simmer, uncovered, until reduced by half, about 10 minutes.

2. Add tomatoes, tomato paste, and ¾ cup water to pot and simmer, stirring occasionally, until slightly thickened, about 30 minutes (Sauce can be made ahead and refrigerated up to 3 days).

# 4. Bechamel Sauce
# Wild Mushroom Lasagna

## Ingredients

For béchamel sauce

3 tablespoons unsalted butter

2 ½ tablespoons all−purpose flour

3 cups whole milk, heated

1 garlic clove, smashed

¾ teaspoon salt

⅛ teaspoon black pepper

For mushroom tomato sauce

2 cups boiling−hot water

1 ounce dried porcini mushrooms (1 cup)

1 cup chopped onion (1 medium)

2 tablespoons extra-virgin olive oil

2 (14 to 15ounce) cans diced tomatoes in juice

Pinch of sugar

2 tablespoons chopped fresh basil

½ teaspoon salt

### For assembling lasagne

12 long lasagne noodles

5 ounces finely grated Parmigiano-Reggiano

## Preparation

1. Make béchamel.

Heat butter in a 2quart heavy saucepan over moderately low heat until melted, then add flour and cook roux over low heat, whisking, 3 minutes. Add hot milk in a fast stream, whisking vigorously, and whisk in garlic and salt. Bring to a boil, whisking. Reduce heat and simmer, whisking occasionally, 10 minutes, then remove garlic and add pepper.

2. Make mushroom tomato sauce.

Pour boiling-hot water over porcini in a bowl and let stand until softened, about 20 minutes. Lift out porcini, squeezing excess liquid back into bowl, then rinse to remove any grit. Pour soaking liquid through a sieve lined with a dampened paper towel into another bowl. Chop porcini and add to soaking liquid.

Cook onion in oil in a 12inch heavy skillet over moderate heat, stirring occasionally, until softened, 4 to 5 minutes, then stir in tomatoes with juice, sugar, porcini with soaking liquid, and 1 tablespoon basil. Simmer, stirring frequently, until tomatoes have broken down into a chunky sauce, about 25 minutes. Stir in salt and remaining tablespoon basil.

3. Assemble and bake lasagne.

Cook lasagne noodles in a 6 to 8quart pot of boiling salted water 8 minutes (noodles will not be cooked through), then drain and transfer to a bowl of cold water.

Put oven rack in middle position and preheat oven to 425°F.

Spread 1 cup béchamel on bottom of a buttered 13 by 9inch baking dish, reserving remainder for last layer. Drain 3 lasagne noodles in 1 layer on a kitchen towel and arrange over bechamel in baking dish. Spread pasta in dish evenly with one third of mushroom tomato sauce and sprinkle with ⅓ cup cheese. Repeat layering of pasta, mushroom tomato sauce, and cheese twice, then cover with last 3 lasagne noodles. Spread remaining bechamel on top and sprinkle with remaining ¾ cup cheese.

Bake, uncovered, until lasagne is bubbling and top is browned, 30 to 35 minutes. Let stand at room temperature at least 15 minutes before cutting.

# 5. Hollandaise Sauce

## Ingredients

3 egg yolks

1 tablespoon cream

1 cup (½ pound) melted butter, cooled to room temperature

1 tablespoon lemon juice or white wine vinegar

½ teaspoon salt

Dash of cayenne pepper

## Preparation

1. Use a small, thick ceramic bowl set in a heavy–bottomed pan, or a heavyweight double boiler. Off the heat, put the egg yolks and cream in the bowl or upper section of the double boiler and stir with a wire whisk until well-blended the mixture should never be beaten but stirred, evenly, vigorously and continually.

2. Place the container over hot water(if you are setting the bowl in water, there should be about 1 ½ inches of water in the pan; in a double boiler, the water should not touch the top section).

3. Stirring eggs continuously, bring the water slowly to a simmer. Do not let it boil. Stir, incorporating the entire mixture so there is no film at the bottom. When the eggs have thickened to consistency of very heavy cream, begin to add the cooled melted butter with one hand, stirring vigorously with the other.

4. Pour extremely slowly so that each addition is blended into the egg mixture before more is added. When all the butter has been added, add the lemon juice or vinegar a drop at a time and immediately remove from heat. Add salt and a mere dash of cayenne.

# CHAPTER 10 디저트 (Dessert)

## 1. Rich chocolate terrine

### Ingredients

100g Chocolate terrine

5g Dark chocolate leaves

1 piece Gold leaves

10mL Vanilla sauce

1. Cut the terrine and place it in center of the plate, attach in the side the dark chocolate leaves.

2. Dress with the sauce around the plate and decorate with the gold leaves in the center of the terrine.

## 2. Spiced Fresh Orange and Honey Sorbet



**Ingredients**(4C)

3 cups water

1 cup sugar

½ cup clover honey

2 tablespoons finely grated orange peel

1 tablespoon chopped peeled fresh ginger

2 whole star anise or cardamom pods

2 whole cloves

1 small bay leaf, preferably fresh

2 cups chilled fresh orange juice

3 tablespoons fresh lemon juice

## Method

1. Combine first 8 ingredients in heavy large saucepan. Bring to boil over medium–high heat, stirring until sugar dissolves. Boil until syrup is thick and mixture is reduced to 2 cups, about 12 minutes. Discard bay leaf; cool syrup.

2. Strain syrup into medium bowl. Add orange juice and lemon juice. Transfer to ice cream maker and process according to manufacturer's instructions. Transfer sorbet to container, cover, and freeze until firm, at least 6 hours and up to 3 days.

# 3. Chocolate Meringue and Mint Chip Ice Cream Cake

**Ingredients**(1 Serving)

10 ½ tablespoons sugar, divided
½ cup powdered sugar
3 T unsweetened cocoa powder
4 large egg whites
2 pints mint chip ice cream, slightly softened
½ cup chilled whipping cream

¼ teaspoon vanilla extract
¼ cup chocolate sprinkles

## Method

1. Position 1 rack in top third and 1 rack in bottom third of oven and preheat to 200°F. Line 2 large baking sheets with parchment paper. Trace two 12×4 inch rectangles, spaced slightly apart, on 1 paper.

2. Trace one 12×4inch rectangle on second paper. Turn papers over (marked lines should show through). Sift 3 tablespoons sugar, powdered sugar, and cocoa into medium bowl. Using electric mixer, beat egg whites in large bowl until frothy.

3. Add 1 ½ tablespoons sugar and beat until soft peaks form. Gradually add 5 tablespoons sugar, beating until whites are stiff and glossy.

4. Fold in cocoa mixture. Spread ⅓ of meringue (about 1 ½ cups) evenly over each marked rectangle. Bake meringues until dry, reversing sheets every hour, about 4 hours total. Turn off oven; leave meringues in oven overnight.

5. Lift meringues from parchment. Place 2 meringues on work surface. Gently spread 1 pint ice cream over each, being careful not to press hard to avoid cracking meringues. Place 1 filled meringue on long platter.

6. Top with second filled meringue, then third meringue, pressing lightly to adhere. Cover and freeze assembled cake at least 2 hours and up to 1 day.

3. Beat cream, vanilla, and remaining 1 tablespoon sugar in small

bowl until peaks form. Spread whipped cream on top layer of meringue to cover; scatter chocolate sprinkles evenly over. Cut crosswise into slices and serve.

Lemon Tarte, Meringue

Almond Sable, Chestnut Ganache

Chocolate panna cotta whipping cream, caramelized almond

Orange tartellettes, pistacchio

Harabong jelly, white chocolate mousse Tartellettes

Cherry tartellettes

Strawberry Tartellettes, pistachio

Golden kiwi Tartellettes, almond

Morello cherry Tartellettes

Watermelon Salad, Green Tea Jelly

Orange, Red Fruits Salad, Mango Coulis

Black chocolate Saba Queen with grilled almonds

Lime, coconut bread

Mini crepe, chocolate and banana

Lime lavender cheese cake

Green melon, pink grapefruits, raspberry salad

Sicilian cake with ricotta cheese

Cream savarin, raspberry

Mini chocolate choux

Coffee Choux

Mini pistachio choux

Choux Chantilly

Choco Supreme Choux, Berries

Orange, brioche pudding

Strawberry Soup, Caramelized Almond Balsamico Vinegar Jelly

Fresh orange, raspberry tea jelly

Chocolate mousse, strawberry salad

Dark chocolate terrine

Strawberry dipped in chocolate

Chocolate creme brulee, berries

Tiramisu

Chocolate creme brulee

Chocolate Glazed Cheese Mousse

# PART Ⅶ

# 세계의 요리

## World Cuisine

ractical Training of Culinary English

# CHAPTER 1 아시아 요리 (Asian Cuisine)

## 1. 개요

Asian cuisine styles can be broken down into several regional styles that have roots in the peoples and cultures of those regions.

● 아시아 요리는 아시아인들이 주로 먹는 음식이다. 아시아 음식은 거주 지역, 풍토, 기후 및 식생활 습관 및 관습 등에 의하여 몇 개 구역으로 분류된다.

The major types can be roughly defined as East Asian with its origins in Imperial China and now encompassing modern Japan and the Korean peninsula.

Southeast Asian which encompasses Cambodia, Laos, Thailand, Viet Nam, Brunei, Indonesia, Malaysia, Singapore, and the Philippines.

● 동아시아는 중국을 비롯하여 일본 및 한국으로 나뉘며 동남아시아는 캄보디아, 라오스, 타이, 베트남, 브루나이, 인도네시아 및 말레시아, 필리핀 및 싱가포르로 구분된다.

Map of Asia



South Asian derived the states that once made up Burma, India, Sri Lanka and Pakistan as well as several other countries in this region of the continent; Central Asian and Middle Eastern.

● 남아시아는 미얀마, 인도, 스리랑카, 파키스탄 등으로 구성되어 있으며 중앙 아시아 및 서아시아는 주로 중동지역으로 이란, 이라크, 사우디아라비아 및 터키 등이다.

## 2. 지역별 음식

### (1) Mongolian cuisine (몽골 요리)

Mongolian cuisine refers to the local culinary traditions of Mongolia and Mongolian styled dishes. The extreme continental climate has affected the traditional diet, so the Mongolian cuisine primarily consists of dairy products, meat, and animal fats. Use of vegetables and spices is limited. Due to geographic proximity and deep historic ties with China and Russia, Mongolian cuisine is also influenced by Chinese and Russian cuisine.

● 몽고의 전통 요리는 대체적으로 낙농 제품, 고기류 및 유지류로 구성된다. 주변국인 중구과 러시아의 영향도 받았다. 몽골 유목민들은 말, 소, 야크, 낙타, 양, 염소 등 기르던 동물로 생계를 꾸려왔기 때문이다. 고기는 수프나 고기 만두로 쓰이고 겨울에는 말려서 먹는다. 우유는 크림이나 치즈로 만들어 먹기도 한다.

몽골의 요리는 많은 동물성 지방을 포함한다. 산업화 사회에서 이것은 비만을 일으킬 수 있지만 몽골인은 추운 겨울을 버티고 유목업의 일을 하기 위해서 필수적으로 지방 섭취가 필요하다. 겨울에는 최대 영하 40℃까지 떨어지기 때문에 야외 활동을 하기 위해서 충분한 에너지 공급은 필수적이다. 또한 농촌의 유목민들은 원칙적으로 자급자족한다. 이동식 원형 텐트인 유르트(Yurt)에서 여행자들은 먹을 거리를 해결할 수도 있다.

### (2) Chinese Cuisine(중국 요리)

Chinese cuisine is any of several styles originating in the regions of China, some of which have become highly popular in other parts of the world from Asia to the Americas, Australia, Western Europe and Southern Africa.

● 중국음식은 중국에서 발원된 음식으로 아시아를 비롯해 유럽과 멀리 남아프리카에 걸쳐서 지대한 영향을 끼친 음식이다.

Where there are historical immigrant Chinese populations, the style of food has evolved for example, American Chinese cuisine and Indian Chinese cuisine are prominent examples of Chinese cuisine that has been adapted to suit local palates.

● 이처럼 전세계에 음식이 널리 퍼진 이유는 중국교민 세계 각국으로 이주하였기 때문인데 예를 들어 미 · 중 음식과 인도 · 중국 음식은 해당지역의 입맛에 맞추기 위한 대표적인 사례들이다.

① 중국의 변형요리(Derived cuisines)

As Chinese cuisine has spread globally, it has been adapted to local tastes and ingredients, and modified by the local cuisine, to greater or lesser extents. This has resulted in a number of forms of fusion cuisine. These include,

중국 음식이 세계화된 이유는 해당지역 내의 입맛과 재료에 적응되어 지역의 요리와  동화되어 수많은 퓨전요리가 탄생했다. 그 주요한 예들을 보면,

- American Chinese cuisine(중국 요리에 기반을 둔 미국 요리)
- Canadian Chinese cuisine(중국 요리에 기반을 둔 캐나다 요리)
- Indian Chinese cuisine(중국 요리에 기반을 둔 인도 요리)
- Japanese Chinese cuisine(중국 요리에 기반을 둔 일본 요리)
- Korean Chinese cuisine(중국 요리에 기반을 둔 한국 요리)
- Pakistani Chinese cuisine(중국 요리에 기반을 둔 파키스탄 요리)



② 4대 요리 및 8대 요리

중화요리(中華料理)는 청요리(淸料理)라고도 하며, 중국 본토에서는 중국채라고 부른다. 중국은 국토가 아주 넓어 각 지방의 기후, 풍토, 산물 등에 각기 다른 특색이 있다. 그에 따라 경제, 지리, 사회, 문화 등 다양한 요소가 작용하여 4대 요리를 형성하였다.

베이징(북경), 상하이(상해), 스촨(사천), 광둥(광동) 요리가 대표적이며 남쪽은 달고 북쪽은 짜고 동쪽은 맵고 서쪽은 신 특성을 가지고 있다. 이 외에도 산동요리, 호남요리, 복건요리, 회족들의 음식에서 유래한 청진요리가 있다.

4대 요리는 베이징요리(북경의 궁정요리), 상해요리(남경, 소주 및 양주지역 요리), 스촨요리(사천성 중심의 산악지대 요리) 및 광동 요리(광동성을 중심으로 한 남부지방 요리)가 유명하다.

중국 8대 요리는 중국에서 가장 일반적으로 구분하는데 산둥요리(魯菜), 장쑤요리(蘇菜), 저장요리(浙菜), 안후이요리(徽菜), 푸젠요리(閩菜), 광둥요리(南菜), 후난요리(湘菜) 및 스촨요리(川菜)이다.

오선냉채

자장면

짬뽕

Korean Chinese cuisine



### (3) Japanese cuisine(일본 요리)

Japanese cuisine has developed over the centuries as a result of many political and social changes. The cuisine eventually changed with the advent of the Medieval age which ushered in a shedding of elitism with the age of shogun rule. In the early modern era massive changes took place that introduced non-Japanese cultures, most notably Western culture, to Japan.

- 일본 요리는 좁은 의미로 일본 고유의 요리법을 사용한 고유의 일본 요리들을 지칭한다. 일본인이 오랫동안 먹어온 식사이더라도, 그것이 일본의 독특한 요리가 아니라면, '일식' 이라고 부르지 않는다. 일본요리와 '일본인이 먹어온 식사' 가 반드시 일치하는 것은 아니다. 일본 요리는 수많은 정치적 · 사회적 변화를 겪으며 여러 세기에 걸쳐 발전해왔으며 개방이후 서구의 요리를 수용하여 획기적으로 발전했다.

### (4) Korean cuisine(한국 요리)

Korean cuisine originated from ancient agricultural and nomadic traditions in the Korean peninsula and southern Manchuria, and has evolved through a complex interaction of environmental, political, and cultural trends.

Korean cuisine is largely based on rice, noodles, tofu, vegetables, and meats. Traditional Korean meals are noted for the number of side dishes (banchan) that accompany steam-cooked short-grain rice. Kimchi is usually served at every meal. Commonly used ingredients include sesame oil, doenjang (fermented bean paste), soy sauce, salt, garlic, ginger, pepper flakes and gochujang (fermented red chili paste).

- 한국 요리는 한국의 전통 음식을 뜻한다. 복잡한 궁중 요리에서부터 지방의 특색 요리와 현대의 퓨전 요리에 이르기까지 재료와 조리법이 매우 다양하다. 전통적인 한국 정식은 밥, 국, 김치와 함께 나오는 많은 반찬들로 이루어진다.



- 한국 음식은 보통 참기름, 된장, 간장, 소금, 마늘, 생강, 그리고 고추장 등으로 맛을 낸다. 식단은 계절별로 다양한데, 전통적으로 겨울에는 마당에 구멍을 파고 땅 속에 묻어 놓은 장독에 저장된 김치와 그 밖의 절인 채소들에 많이 의존했다. 하지만 오늘날에도 계절에 상관없이 대부분의 식단을 맛볼 수 있다.

### (5) Russian cuisine(러시아 요리)

Russian cuisine derives its rich and varied character from the vast and multi-cultural expanse of Russia. Its foundations were laid by the peasant food of the rural population in an often harsh climate, with a combination of plentiful fish, poultry, game, mushrooms, berries, and honey. Crops of rye, wheat, barley, and millet provided the ingredients for a plethora of breads, pancakes, cereals, kvass, beer, and vodka.

● 러시아 요리는 러시아에서 만들어지는 요리이다. 러시아 고유의 요리 외에도 서유럽 · 원나라의 영향을 받은 것과 중앙아시아의 영향을 받은 것이 있다.

원래는 화려했으나 최근에 들어서면서 간소해졌다. 러시아 요리는 황제, 귀족 및 부유한 상인의 요리는 화려하나 서민층으로 갈수록 소박해진다.

소박하며 영양가가 많으며 동양의 영향을 받아 신맛이 나는 음식이 많은 것이 특징이다.

### (6) Indian cuisine(인도 요리)

Indian cuisine is the general name for the foods of the Indian subcontinent, characterized by the extensive use of various spices, herbs and other vegetables, and sometimes fruits grown in India and also for the widespread practice of vegetarianism in Indian society.

● 인도 역시 중국과 마찬가지로 광대한 영토를 가지고 있기 때문에 특정메뉴를 인도 전통음식이라 하기에는 무리가 따른다. 인도 음식은 수세기에 걸쳐 지역의 다양한 향신료에 기반을 두고 문화적 및 종교적인 색채에 따라서 각 지역마다 독특하게 발전하였다. 인도 요리를 크게 나누면 북부 인도 요리와 남부 인도 요리로 나누어, 각각 채식 요리와 비채식 요리가 발달하였다.

### (7) Thai cuisine(태국 요리)

Thai cuisine is the national cuisine of Thailand. Thai cuisine places emphasis on lightly prepared dishes with strong aromatic components. Thai cuisine is known for being spicy.

● 태국 요리는 다양한 스파이스와 허브의 사용으로 강한 향이 특징인데 중국 · 이태리 · 프랑스 및 멕시코 요리와 더불어 세계 5대요리에 속한다. 오랜 세월 자유와 평화 · 풍요를 누려 식량난을 겪어 본 적이 없었기 때문에 일반 국민들의 식생활 문화가 크게 발전했다. 또 음식 먹는 것을 즐거운 일로 생각하고, 전통적으로 남자들이 태국 요리를 즐기는 것이 특징이다.

인도와 중국 사이, 동남아시아 중앙에 위치하여 여러 문화의 영향을 받은 태국은 음식에 있어서도 각 나라의 영향을 많이 받았다. 국물이 진한 카레의 일종인 캥은 인도에서, 국수 · 만두 · 볶음 요리는 중국에서, 달콤한 과자류는 포르투갈에서 전래된 것이다. 더운 나라이기 때문에 뜨거운 국이나 탕보다는 볶음 요리가 더 발달하였다.

### (8) Vietnamese cuisine(베트남 요리)



Vietnamese cuisine is a style of cooking derived from Vietnam with fish sauce, soy sauce, rice, fresh herbs, fruits and vegetables all commonly used.

● 베트남 요리는 피쉬소스와 더불어 면, 쌀, 과일, 해산물 등이 골고루 사용하며 타이, 중국 요리와 함께 아시아의 3대 요리로 평가된다. 북부 베트남 요리는 중부나 남부 지방에 비해서 준비가 간단하며 볶음 요리가 많고 간장을 많이 사용하는데 중국의 영향을 많이 받았다. 남부 베트남 요리는 채소, 물고기, 그 밖에 해산물을 많이 쓰는데 프랑스의 영향을 가장 많이 받았다.

### (9) Turkish cuisine(터키 요리)

Turkish cuisine is largely the heritage of Ottoman cuisine, which can be described as a fusion and refinement of Central Asian, Middle Eastern and Balkan cuisines.

● 터키요리는 터키에서 먹는 요리를 의미한다. 발칸 반도와 그리스의 영향을 많이 받았으며 오스만 제국 때 전성기를 누렸다. 유럽과 아시아의 교차로에 있었기 때문에 예로부터 다양한 민족들의 식습관을 수용할 수 있었고, 이것이 터키요리의 원동력이 되었다. 프랑스 요리, 중국 요리와 더불어 세계 3대 요리로 평가받는다.

## 3. 각 나라별 메뉴

### (1) Chinese Cuisine

# 1. Chinese Fried Rice

**Ingredients**(Serves 4)

6 tablespoons lard or cooking oil

2 eggs

1 teaspoon salt

2 scallions, chopped

½ cup fresh shrimp meat, diced

4 cups cold, cooked rice

½ cup cooked peas

¼ cup canned diced bamboo shoots

¼ cup diced boiled ham

½ cup diced cooked chicken
½ cup diced Chinese roast pork or left-over roast beef or veal
2 tablespoons soy sauce

## Preparation

1. Heat 2 tablespoons lard or cooking oil. Beat eggs with ½ teaspoon salt and scramble in oil until firm, breaking into small pieces. Remove and reserve.

2. Heat remaining oil. Add scallion and shrimp and remaining salt. Cook until shrimp shows pink. Break up lumps of cold cooked rice. Add to shrimp.

3. Stir until rice is heated and the grains of rice are separated. Make a hole in the center of the rice. Add all the rest of the ingredients except soy sauce.

4. Stir until thoroughly heated and mixed. Sprinkle soy sauce over rice and mix evenly through.

5. Salt and pepper to taste. Garnish with additional chopped scallions if desired.

# 2. Chinese Chicken Noodle Soup with Sesame and Green Onions

## Ingredients(6 servings)

1 pound skinless boneless chicken breast cut into thin strips
3 tablespoons soy sauce
2 tablespoons dry Sherry
2 tablespoons oriental sesame oil

3 garlic cloves, minced
3 tablespoons sesame seed paste
2 tablespoons minced peeled ginger
1 tablespoon sugar
1 tablespoon seasoned rice vinegar
1 ½ teaspoons chili-garlic sauce

4 cups chopped Napa cabbage

6 green onions, thinly sliced

8 cups canned low-salt chicken broth

1 14–ounce package Chinese noodles

½ cup chopped fresh cilantro

## Preparation

1. Stir chicken, soy sauce, Sherry, and 1 tablespoon sesame oil in medium bowl to blend. Let stand 20 minutes or refrigerate up to 2 hours.

2. Whisk garlic, tahini, ginger, sugar, vinegar, and chili sauce in small bowl.

3. Heat remaining 1 tablespoon sesame oil in heavy large pot over medium–high heat. Add cabbage and green onions and saute until cabbage is tender, about 5 minutes. Add broth and bring to boil.

4. Add chicken with marinade and tahini–garlic mixture. Reduce heat to low and simmer until chicken is cooked through, about 5 minutes.

5. Cook noodles in large pot of boiling salted water until tender, about 5 minutes. Drain. Add to soup in pot. Stir in half of cilantro. Season soup with salt and pepper. Sprinkle with remaining cilantro.

## (2) Indian Cuisine

### ① Chicken tikka

Chicken tikka is a South Asian dish made by grilling small pieces of chicken which have been marinated in spices and yogurt. It is a curry dish in which roasted chicken chunks (tikka) are served in a rich red, creamy, lightly spiced, tomato-based sauce.

● 치킨티카는 스파이스와 요구르트에 닭고기를 절임하였다가 그릴에서 구운 전통음식으로 토마토를 베이스로 한 소스와 같이 제공된다.

### ② Chicken Tandoori

Chicken Tandoori is a highly popular Indian dish consisting of roasted chicken, yogurt, and spices. The chicken is marinated in yogurt and seasoned with tandoori masala.



● 탄두리란 흙으로 만들어진 화덕을 칭하는 인도어로서 숯불에 달구어진 화덕 안에서 양이나 소, 닭, 돼지고기를 굽는 도구를 말한다. 바비큐 스타일로 구워지는 음식들을 통틀어 탄두리 요리라고 하는데 해산물을 재료로 쓰는 탄두리 프라운(Tandoori Prawn), 탄두리 피쉬 (Tandoori Fish) 등도 있다.

### ③ Curry chicken

Chicken Curry is a common Punjabi cuisine popular in India and surrounding countries, such as Bangladesh, East Asia.

A typical curry consists of chicken in an onion, tomato and yogurt, flavoured with ginger, garlic, chillies and a variety of spices.

● 치킨커리는 인도 및 주변국의 음식으로 생강, 마늘, 칠리를 비롯한 여러 스파이스와 양파, 토마토 및 요구르트를 섞은 요리이다.

### ④ Chapati

Chapati is a form of roti(bread). The words are often used interchangeably. While roti refers to any flat unleavened bread, chapati is a roti made of whole wheat flour and cooked on a flat skillet.

- 차파티는 인도지역에서 먹는 밀가루 빵의 일종이다.

### ⑤ Raita

Raita is a Pakistani and Indian condiment based on yoghurt and used as a sauce or dip. The yoghurt is seasoned with coriander, cumin, mint, cayenne pepper, and other herbs and spices.

- 라이타는 소스나 딥으로 사용되는 인도 및 파키스탄의 소스로 요구르트가 베이스가 되고 여기에 고수풀, 큐민, 민트, 케니언 페퍼 등이 들어간다.

Chicken tikka

Chicken Tandoori

Raita

Butter Chicken

Plain chapati and Stuffed rolled chapatis

Curry chicken

# 1. Chapati

## Ingredients

1 ¾ cups whole−wheat plus additional for kneading and dipping

1 teaspoon salt

¾ cup lukewarm water

Vegetable oil for greasing skillet

print a shopping list for this recipe

## Preparation

1. Stir together flour and salt in a large bowl, then make a well in center and add water to well. Using a fork, stir until a dough forms. Turn dough out onto a lightly floured surface and knead,

adding more flour as needed, until smooth and elastic (dough will be slightly sticky), about 8 minutes.

2. Transfer to a clean bowl and cover bowl with plastic wrap. Let dough stand at room temperature at least 1 hour.

3. Divide dough into 12 equal pieces and roll each piece into a ball, then cover with a kitchen towel (not terry cloth). Dip 1 ball of dough into additional flour, shaking off excess, then flatten ball with your hands on lightly floured surface.

4. Roll dough into a 5 to 6inch round with a lightly floured rolling pin, lifting and rotating as necessary. Shake off excess flour, then transfer round to a sheet of wax paper and cover with another kitchen towel (not terry cloth). Repeat with remaining balls, arranging rounds in 1 layer (do not stack).

5. Heat a dry 10inch cast-iron or heavy skillet over medium heat until hot. Lightly grease skillet with a paper towel dipped in oil, then cook one round of dough until underside is golden brown in spots, about 30 seconds. Gently turn over and cook until deep golden brown in spots, 30 seconds to 1 minute. Turn over again and cook, gently pressing with tongs, until chapati is cooked through, 30 seconds to 1 minute more(Chapatis may puff up) .

6. Keep warm, wrapped in another kitchen towel, and cook remaining rounds. Serve immediately.

(3) Japanese Cuisine

# 1. Turnips with Miso

## Ingredients

3 tablespoons white miso

3 tablespoons unsalted butter, softened, divided

3 pounds small (1 ½ to 2inch) Japanese turnips with greens

1 ⅓ cups water

2 tablespoons mirin (Japanese sweet rice wine)

## Preparation

1. Stir together miso and 2 tablespoon butter.

2. Discard turnip stems and coarsely chop leaves. Halve turnips (leave whole if tiny) and put in a 12 inch heavy skillet along with water, mirin, remaining tablespoon butter, and 1/8 teaspoon salt.

3. Bring to a boil over medium−high heat, then boil, covered, 10 minutes.

4. Add greens by handfuls, turning and stirring with tongs and adding more as volume in skillet reduces. Cover and cook 1 minute.

5. Uncover and continue boiling, stirring occasionally, until turnips are tender and liquid is reduced to a glaze, about 5 minutes. Stir in miso butter and cook 1 minute.

# 2. Japanese Chilled Soba with Tofu and Sugar Snap Peas

## Ingredients

### For sauce

1 large dried shiitake mushroom

2 ½ cups water

8 (1 inch) pieces kombu (dried kelp)

½ cup soy sauce

¼ cup mirin

3 Ts ponzu sauce (not containing dashi)

1 tablespoon sugar

1 tablespoon Asian sesame oil

For soba

1 pound sugar snap peas, thinly sliced

10 ounces baby spinach (16 cups)

1 pound dried soba noodles

1 (14 to 18ounce) package tofu

1 cup thinly sliced scallions, divided

2 tablespoons thin matchsticks of peeled ginger

## Preparation

1. Make sauce

① Simmer mushroom in water in a small saucepan, covered, 15 minutes. Add kombu and barely simmer, covered, 5 minutes. Remove from heat and let stand, covered, 5 minutes. Strain through a fine-mesh sieve into a large glass measure, pressing on and discarding solids. Return 2 cups liquid (add water if necessary) to saucepan.

② Add soy sauce, mirin, ponzu, sugar, and 1/4 teaspoon salt and bring to a boil, stirring until sugar has dissolved. Remove from heat. Stir in sesame oil, then cool in pan in a large ice bath.

2. Cook noodles and vegetables

① Blanch sugar snaps in a large pot of unsalted boiling water until crisp-tender, about 2 minutes. Transfer with a slotted spoon to a large colander set in ice bath to stop cooking. Lift colander to drain.

② Transfer sugar snaps to a bowl. Meanwhile, return water to a boil. Blanch spinach until just wilted, about 30 seconds, then cool and drain in same manner. Squeeze out excess water. Add to sugar snaps.

3. Return water to a boil.

4. Add noodles and cook according to package directions, stirring occasionally, until tender. Drain in colander and rinse with cold water. Cool in ice bath until very cold. Drain well.

5. Carefully drain tofu and pat dry. Cut into ¾-inch cubes.

6. Whisk sauce, then pour 1 ½ cups sauce into a large bowl. Add noodles, sugar snaps, spinach, and half of scallions and toss.

7. Serve in shallow bowls, topped with tofu, remaining scallions, and ginger. Drizzle with some of remaining sauce and serve remainder on the side.

## (4) Middle east Cuisine

Middle Eastern cuisine or West Asian cuisine is the cuisine of the various countries and peoples of the Middle East (Western Asia). The cuisine of the region is diverse while having a degree of homogeneity.

● 중동 음식 혹은 서아시아 음식은 이 지역에 분포된 나라의 음식이다,

키베(Kibbeh)는 발거, 쌀, 다진 쇠고기(혹은 양고기)로 만든 크로캣 같은 중동음식이다.

발거(bulgur)는 밀을 반쯤 삶아서 말린 것으로 중동에서 많이 사용된다.

사와르마(shawarma)는 중동식 샌드위치로 파타빵속에 여러 가지 고기 및 야채를 넣어 롤처럼 만든다.

지로(Gyro)는 그리스의 요리로 피타브레드로 싼 샌드위치이다.

Tahini(타이니)는 참깨로 만든 장으로서 요리에 사용되며 일본은 네리고마(ねりごま), 중국은 지마장(芝麻?)으로 불려진다. 중동요리인 후무스의 재료가 된다.

시리아식의 바바가누쉬(Baba ghanoush), 바바가누쉬는 가지를 으깨어 여러 양념을 첨가한 아랍요리이다.

후무스(Hummus)는 콩, 타인, 올리브유, 레몬주스, 마늘, 소금등으로 만드는 아랍식이다.

병아리콩(혹은 이집트콩)은 아랍요리의 중심재료이다.

● Levant : (동쪽의 뜻이 함축되어 있는, '해가 뜨다' 라는 뜻의 프랑스어 'lever' 에서 유래)로 동부 지중해 연안을 가리키는 역사적인 이름.

베네치아 상인을 비롯한 무역상들이 십자군 원정 이후 티레 · 시돈 같은 도시들과 교역을 하게 되면서 이 말이 널리 쓰이게 되었다.

처음에는 소아시아와 시리아의 해안지방만을 가리켰으나 뒤에는 그리스부터 이집트에 이르는 지역까지 포함하게 되었다. 또 아나톨리아 지방을 가리킬 때도 레반트라는 이름이 쓰였고, 중동 또는 근동과 같은 뜻으로 쓰이기도 했으며, 16~17세기에는 고(高)레반트가 극동지방을 뜻했다. 제1차 세계대전 뒤 프랑스 위임 통치령이 된 시리아와 레바논의 이름이 레반트 국가(Levant States)였고, 1946년 독립한 이후에도 이 두 나라를 종종 '레반트 국가' 라 불렀다.

(5) Mongolian Cuisine

# 1. Fried Meat Pies

## Ingredients

### For dough

2¼ cups all-purpose flour

½ teaspoon salt

¾ cup warm water

### For filling and frying

2 garlic cloves

1 pound ground fatty lamb shoulder

1 cup minced onion

2 scallions, minced

¼ cup water

6 to 8 cups vegetable oil

## Preparation

1. Make dough.

Stir together flour and salt, then stir in warm water until a dough forms. Transfer to a floured surface and knead briefly. Form into 16 (1 ½-inch) balls. Let stand, covered with an inverted large bowl, at room temperature 1 to 2 hours.

2. Make filling while dough stands.

Mince and mash garlic to a paste with 1 ½ teaspoons salt, then vigorously stir together with lamb, onion, scallions, and water in a bowl.



3. Form and fry pies.

Preheat oven to 250°F.

Roll out 1 ball of dough into a 3 to 4inch round on a floured surface with a floured rolling pin. Put about 2 tablespoons filling to one side on round, flattening filling slightly, and fold other half over it to form a half-moon. Press edges together to seal, forcing out air. Starting at one end of curve, fold edge over in triangles (each fold should overlap previous one), pressing as you go and pressing last fold under (this will help seal). Repeat with remaining dough and filling.

Meanwhile, heat 1 ½ to 2 inches oil to 350°F in a deep 4 to 5quart heavy pot.

Fry pies, 4 at a time, until golden and meat is just cooked through, about 6 minutes. Transfer to paper towels to drain. Return oil to 350°F and skim off any blackened bits between batches. Keep pies warm on a baking sheet in oven.

(6) Thai Cuisine

# 1. Thai Rice Curry

## For Cucumber Relish

300 mL rice vinegar

260 g (9 oz) honey

360 g (12 oz) cucumber, peeled, cored and finely chopped

4 tbsp finely chopped long red chiles

3 tbsp chopped coriander

## Thai Rice Curry with Herbed Chicken

60 mL coconut milk

1 shallot, finely chopped

2 garlic cloves, finely chopped

1 tbsp finely chopped fresh ginger

4 chicken breasts, skinned and boned

1 tbsp curry powder

¼ tsp turmeric powder

300 g brown jasmine rice

3 tbsp soy sauce

1 tbsp miso paste

4 cardamom pods

1 bay leaf

1 cinnamon stick

## Preparation

1. For Cucumber Relish

   In a saucepan, bring vinegar and honey to a boil. Stir frequently until the honey has dissolved and continue to cook for 10~15 minutes. Remove from heat. Once cooled, add cucumber, chiles and coriander and stir well. Set aside until ready to serve.



2. For Thai Rice Curry with Herbed Chicken

1) Heat the coconut milk in a large saucepan or casserole dish which has a lid. Add shallot, garlic and ginger, and cook over a low to medium heat for 3~5 minutes. Add chicken and turn up the heat until it is evenly browned.

2) Add curry powder and turmeric powder and stir well to evenly coat chicken. Add rice, soy sauce and miso paste, and stir well. Pour in 250 mL (9 fl oz/1 cup) water and stir well.

3) Add cardamom pods, bay leaf and cinnamon stick. Cover and bring to a boil. Reduce heat and simmer gently for 30~35 minutes or until the rice is cooked and tender. Remove from

heat and leave for 10 minutes leaving the lid on. After 10 minutes, fluff the rice with a fork and discard cardamom pods, bay leaf and cinnamon stick. 1. Serve rice curry warm with cucumber relish on the side.

## 2. Thai Stir-Fried Pumpkin with Chiles and Basil

### Ingredients

8 garlic cloves, chopped
120 g onions, halved and sliced into strips
100 g Vegetable Stock
600 g pumpkin, peeled and cubed

2 ½ tbsp soy sauce

2 tbsp oyster sauce

1 ½ tbsp honey

4 handfuls Thai basil leaves, to garnish

3 red chiles seeded and finely sliced, to garnish

## Preparation

1. In a heavy wok, stir-fry garlic and onion using half of the vegetable stock, until browned.

2. Add pumpkin cubes, moisten with remaining vegetable stock and stir constantly until pumpkin is cooked.



3. Season with soy sauce, oyster sauce and honey. Sprinkle with Thai basil leaves and sliced red chile. Serve with brown rice.

(7) Turkish Cuisine

# 1. Lamb Stew with Turkish Flavors

## Ingredients

2 pounds lamb shoulder, cut into ¾ inch chunks

2 tablespoons olive oil

2 medium onions, thinly sliced

6 garlic cloves, thinly sliced

¼ cup red-wine vinegar

7 cups chicken stock or broth

1 (15 to 19oz) cn chickpeas, rinsed and drained

¼ cup apricot preserves

2 teaspoons ground coriander

2 teaspoons ground cumin

1 teaspoon ground cinnamon

1 teaspoon Maras pepper

1 teaspoon Urfa pepper

4 M. boiling potatoes

¼ cup dried currants

¼ cup chopped oregano

1 ½ tablespoons fresh lemon juice

## Preparation

1. Pat lamb dry and season with 1 teaspoon salt and ¾ teaspoon pepper. Heat oil in a wide 5 to 6quart heavy pot over medium-high heat until it shimmers. Brown lamb on all sides in 3 batches until golden–brown, 4 to 5 minutes per batch, transferring to a plate with a slotted spoon.



2. Add onions to pot and cook, stirring occasionally, until golden–brown, about 8 minutes. Add garlic and cook, stirring, 1 minute. Stir in vinegar and cook, scraping up brown bits, until vinegar has evaporated, 1 to 2 minutes.

3. Return lamb with meat juices to pot. Stir in stock, chickpeas, preserves, and spices (including Maras and Urfa pepper) and simmer, uncovered, stirring occasionally, 1 hour.

4. Peel potatoes and cut into ½inch pieces. Add to stew (after 1 hour) and simmer, uncovered, until potatoes and lamb are tender, about 30 minutes more. Remove from heat and stir in currants, oregano, and lemon juice. Season with salt.

5. Serve sprinkled with additional Maras and Urfa pepper.

# 2. Turkish Lamb Kebabs

## Ingredients

1 medium red onion, finely chopped (½ cup)

½ cup coarsely chopped fresh flat-leaf parsley

1 medium tomato, diced (¾ cup)

1 teaspoon dried oregano

½ tablespoon Urfa pepper

½ tablespoon Maras pepper

6 tablespoons olive oil

¾ teaspoon salt

1 (1 ½ lb) piece boneless leg of lamb, trimmed and cut into 32 (1 inch) cubes

½ teaspoon black pepper

4 (10 inch) square pieces soft lavash bread

## Preparation

1. If using a charcoal grill, open vents on bottom of grill, then light charcoal. Charcoal fire is medium–hot when you can hold your hand 5 inches above rack for 3 to 4 seconds. If using a gas grill, preheat burners on high, covered, 10 minutes, then reduce heat to moderate.

2. Stir together onion, parsley, tomato, oregano, Urfa and Maras peppers, 2 tablespoons oil, and 1/4 teaspoon salt.

3. Pat lamb dry, then toss with black pepper, 1 tablespoon oil, and remaining ½ teaspoon salt and thread 4 lamb cubes onto each skewer, leaving a little space in between cubes. Brush lavash (on both sides) with remaining 3 tablespoons oil and transfer to a platter.



4. Grill lamb, covered only if using a gas grill, on lightly oiled grill rack, turning over once, until medium–rare, 6 to 8 minutes total. Transfer lamb skewers to a platter and cover with foil to keep warm.

5. Grill lavash, covered only if using a gas grill, turning over once, until just heated through and lightly browned but still flexible, about 45 seconds total.

6. Remove lamb from skewers and divide among pieces of lavash. Top lamb with tomato mixture and roll up lavash to enclose lamb. Serve immediately.

(8) Vietnam Cuisine

# 1. Rice Noodle Soup with Beef

## Ingredients

BROTH

5 pounds beef marrow or knuckle bones

2 pounds beef chuck, cut into 2 pieces

2 (3 inch) pieces ginger, cut in half lengthwise, bruised, lightly charred

2 yellow onions, peeled and charred

¼ cup fish sauce

3 tablespoons sugar

10 whole star anise, toasted

6 whole cloves, ltoasted

1 tablespoon sea salt

### Noodle Assembly

1 pound dried 1/16-inch-wide rice sticks, soaked, cooked and drained

⅓ pound beef sirloin, slightly frozen, sliced paper-thin across the grain

### Garnishes

½ yellow onion, sliced paper-thin

3 scallions, cut into thin rings

⅓ cup chopped cilantro

1 pound bean sprouts

10 sprigs Asian basil

1 dozen saw-leaf herb leaves (optional)

6 Thai bird chilies, cut into thin rings

1 lime, cut into 6 thin wedges

Freshly ground black pepper



## Preparation

1. In a large stockpot, bring 6 quarts water to a boil. Place the bones and beef chuck in a second pot and add water to cover.

2. Bring to a boil and boil vigorously for 5 minutes. Using tongs, carefully transfer the bones and beef to the first pot of boiling water.

3. Discard the water in which the meat cooked. When the water returns to a boil, reduce the heat to a simmer. Skim the surface often to remove any foam and fat.

4. Add the charred ginger and onions, fish sauce and sugar. Simmer until the beef chuck is tender, about 40 minutes. Remove one piece and submerge in cool water for 10 minutes to prevent the meat from darkening and drying out.

5. Drain, then cut into thin slices and set aside. Let the other piece of beef chuck continue to cook in the simmering broth.

6. When the broth has been simmering for about 1 ½ hours total, wrap the star anise and cloves in a spice bag and add to the broth.

7. Let infuse until the broth is fragrant, about 30 minutes. Remove and discard both the spice bag and onions.

8. Add the salt and continue to simmer, skimming as necessary, until you' re ready to assemble the dish. The broth needs to cook for at least 2 hours. Leave the remaining chuck and bones to simmer in the pot while you assemble the bowls.

9. To serve, place the cooked noodles in preheated bowls. Place a few slices of the beef chuck and the raw sirloin on the noodles.

10. Bring the broth to a rolling boil; ladle about 2 to 3 cups into each bowl. The broth will cook the raw beef instantly.

11. Garnish with yellow onions, scallions and cilantro. Serve immediately, inviting guests to garnish the bowls with bean sprouts, herbs, chilies, lime juice and black pepper.

## How to Char Ginger and Onions

To char ginger, hold the piece with tongs directly over an open flame or place it directly on a medium-hot electric burner. While turning, char until the edges are slightly blackened and the ginger is fragrant, about 3 to 4 minutes. Char the onions in the same way. Peel and discard the blackened skins of the ginger and onions, then rinse and add to the broth.

## Chef' s tips

- Rice sticks are translucent, linguini-shaped dried noodles sold in Asian markets.
- Fish sauce, a pungent, salty liquid made from fermented anchovies, adds depth and flavor to numerous Vietnamese dishes.



베트남 쌀국수는 베트남 북부의 하노이에서 처음 만들어진 것으로 알려졌다. 1950년대 이후로 발전하여 프랑스 식민지 시절에 프랑스식 수프를 베트남 사람들이 베트남식과 접합하는 방법으로 Pho라는 국수를 만들었다. 이후 베트남 전쟁을 거치면서 전국으로 퍼지고 미국 등 서방 국가에도 전래가 되어 인기가 높다.

베트남식 해물국수

베트남식 쇠고기국수

월남쌈 세팅전경

# CHAPTER 2 한국 요리 (Korean Cuisine)

*Object of the study*

Tomorrow is Solnal in Korea, the Lunar New Year's Day. It might be the biggest holiday in Korea, as people gather with their extended family for the three-day celebration. 2011 is the year of the peaceful rabbit (or the hare), and almost all of us will be happy to leave the wild ride of the Tiger(2010). Just to be safe, eat some duk gook to welcome in some prosperity for the New Year.
by Naomi Imatome-Yun, from About.com Guide

Naomi Imatome-Yun is a food and travel writer, editor, and voracious reader and eater who lives on the East Coast.

## 1. 개황

● 한반도에서 벼의 재배는 BC 2000~1500년경부터 시작되었고, 잡곡으로 기장 · 보리 · 조 · 콩 · 수수 · 팥 등이 생산되었다. 유목계의 영향으로 가축 기르기가 성행하면서 그에 따라 고기 요리도 점차 발달했다.

● BC 2000년경 한반도에서 처음으로 재배하기 시작한 콩은 곧 중국과 일본으로 전파되었다. 고구려인은 콩을 발효시켜 소금을 섞는 조리가공법을 개발하여 일종의 메주를 만들어 썼는데, '삼국지' 위지 동이전에도 고구려에서 장을 잘 담근다는 기록이 발견되었다.

● 또한 일본 문헌에는 700년경 고려에서 일본으로 전래된 말장(末醬)에 대한 사실이 기록되어 있는데, 이처럼 한국은 콩의 재배뿐만 아니라 콩을 소재로 한 발효식품인 된장을 개발하여 중국과 일본에 전했다.

## 2. 삼국시대

Persimmon tea

Traditional Jujube Tea

● 삼국시대에 들어와 한반도에 철기문화가 발달하면서 농경기술도 혁신되어 벼농사가 크게 보급되었다. 이때 곡물의 조리법이 다양해져 죽 · 밥 · 떡을 만들었으며, 농산물의 가공법도 발달하여 오래 저장할 수 있는 술 · 장 · 김치 · 젓갈 등을 만들었다.



● 엿 · 꿀 · 기름을 이용함으로써 식생활이 더욱 다양해졌으며, 곡류 중심의 주식과 채소 · 수육류 · 어패류를 부식으로 하는 형태가 확립되었다. 삼국시대에 불교가 전래되면서 육식을 어느 정도 멀리하게 되었고, 통일신라를 거쳐 고려에 접어들면서 육식습관은 더욱 쇠퇴했다. 이에 따라 식물성 식품 조리법이 더욱 개발되고, 기름과 향신료가 많이 이용되었으며, 사찰음식도 크게 발달했다. 불교가 융성해짐에 따라 부처에게 차를 바치는 예와 차를 마시는 음차습관(飮茶習慣)이 풍류로서 널리 성행했다.

[An Asaaembly of traditional Korean Cuisine in a restaurant]

● 고려 후기에는 몽골의 침입과 교역으로 설탕 · 후추 · 포도주 등이 들어왔다. 몽골인에게 가축도살법과 육류 요리법을 배워 식생활이 바뀌었다.

고려시대에는 곡물을 더욱 발달해 국수와 과자 등을 만들었고, 두부 및 콩나물로 식품이 다양해졌다.

## 3. 조선시대

● 조선시대에는 식생활에 유교의 영향이 크게 나타났다. 음차습관은 거의 사라지면서 일부 지방에서 명맥을 유지했으며, 대신 화채, 한약재를 달이는 탕차류, 주류의 종류가 많아졌다. 유학자들은 의례를 중요시하여 혼례 · 상례 · 제례 규범을 엄격히 지켰고 숟가락 사용을 고집했다.

A setting of Korean traditional cuisines in restaurant



● 이때부터 한국에서는 숟가락과 젓가락이 함께 사용되었다. 조선 중기 이후에 남방으로부터 고추 · 감자 · 고구마 · 호박 · 옥수수 · 땅콩이 전래되었는데, 이 가운데 고추는 한국요리의 맛을 급격하게 바꾸어 놓았다.

● 고추로 고추장을 담고 여러 가지 양념을 만들어 오늘날 한국 음식의 특징인 매운맛과 선명한 붉은 빛깔을 갖게 되었다. 고추를 김치에 넣게 된 것은

문헌상으로 1766년부터의 일이고, 1700년대 말에는 김치에 젓갈을 넣었다. 김치는 된장·고추장과 더불어 한국 음식을 대표하는 것으로서 '동국세시기'(1849)에는 장담그기와 김장이 가정의 연중 2대 행사라고 씌어 있다.

## 4. 궁중음식

● 조선시대 상차림에서는 주식과 부식이 분리되었으며, 맛과 영양면에서 균형있는 식사를 위해 재료와 요리법이 감안된 일정한 형식이 세워졌다. 이것이 3첩에서 12첩에 이르는 상차림이다. 첩이란 뚜껑 있는 반찬그릇을 의미한다. 첩수는 밥·국·김치·장·찌개를 제외한 반찬의 수에 따라 센다. 일반 서민의 상차림은 보통 3첩이었고 사대부는 7, 9첩이었으며 임금의 수라상은 12첩이었다.

● 이런 반상 이외에도 목적에 따라 평상시에는 죽상·면상·주안상·다과상을 마련하고, 특별한 경우에는 의례적인 상차림이 있었는데 아기가 태어날 때 차리는 삼신상부터 혼례상·회갑상·제상 등이 그것이다. 식생활이 다양해지면서 반가(班家)에서는 조리법과 술 만드는 법을 적은 서적 등이 나왔다. 한편 절기나 특정한 때에 따른 시식과 절식을 즐기게 되었으며 지방에 따라 특색 있는 향토음식이 등장했다.

## 5. 오늘날의 한국요리

● 조선 후기에 이르러 완성된 한국요리는 20세기에 들어와서 서양·일본·중국 음식의 영향으로 고유성이 퇴색된 감도 있으나 오랜 역사를 거치는 동안 특색있는 요리로서 자리를 잡았다. 그 특징은 쌀이나 보리 등 곡물로 만든 밥을 비롯해, 죽·국수 등을 주식으로 하고, 여기에 여러 가지 반찬을 부식으로 먹는 것이다. 반찬으로는 채소·육류·어패류 등의 재료로 요리법을 달리하여 국·찌개·구이·찜·전·전골·조림·볶음·나물·생채·편육·젓갈·포·김치 등을 만든다.

● 외국 요리에 비해 잘게 썰고, 삶기 · 부치기 등 가열조리법이 많으며, 양념으로는 간장 · 파 · 설탕 · 마늘 · 깨소금 · 참기름 · 후춧가루를 고루 이용한다. 또한 식품 자체의 맛보다는 재료를 여러 가지 양념으로 조미하여 어우러진 복합적인 맛을 선호한다.

● 한국에는 정월 초하루, 정월 대보름, 단오, 유두, 추석 같은 명절과 절식이 되면 특별한 요리를 준비해 먹는 풍습이 있다. 고유의 전통음식으로는 궁중음식, 민가의 반가음식, 지방마다의 독특한 향토음식, 사찰음식 등이 있다. 구절판이나 신선로는 원래 궁중요리였으나 오늘날 대중화되었다.

A setting of Korean side dishes(Banchan)

Grilled mackerel and some side dishes.

Steam stone pot rice, composed of nutritive seeds.

Makguksoo is a sort of Korean buckwheat noodles in stock.

A steamed red crab is a very popular and mouth watering seafood.

A raw sliced fish with and steamed rice is one of favorite cuisine in Korea.

A dry small anchovy is a usual side dishes of lunch box of students.

A global fish is a nice side anjoo(side dish) of most of Korean salaryman.

A live small octopus in the owntown pub restaurant. It matches good with Korean liquor Soju.

# 1. Sweet Potato Noodles(Japchae)

## Ingredients(4 or 5 servings)

8 oz sweet potato noodles

½ bunch spinach, rinsed and trimmed

2 cloves garlic, minced

1 t. plus 1 ½ teaspoons sesame oil

¼ teaspoon salt

1 tablespoon vegetable oil

6 oz beef rib-eye, cut into ¼ to ½-inch-thick strips

¼ cup plus 1 teaspoon soy sauce

¼ medium onion, sliced

3 pyongo mushrooms, sliced

1 carrot, shredded or cut into thin strips

3 green onions, cut into 1 inch pieces

¼ cup sugar

Toasted sesame seeds for garnish

## Preparation

1. Cook the sweet potato noodles in a large pot of boiling water for 4 to 5 minutes. Immediately drain and rinse thoroughly under cold water. Be sure not to overcook the noodles, or they will lose their chewy texture. If you like, cut the noodles with scissors into 6 to 7inch lengths for easier eating.

2. Blanch the spinach in boiling water. Rinse immediately under cold water, squeeze the water from the leaves and form into a ball, and then cut the ball in half. Combine the spinach, half the garlic, ½ teaspoon of the sesame oil, and ¼ teaspoon salt in a small bowl. Set aside to let the flavors soak in.

3. Heat the vegetable oil in a large skillet over medium-high heat. Add the beef, the remaining garlic, 1 teaspoon of the soy sauce, and 1 teaspoon of the sesame oil.

4. Stir-fry until the beef is cooked, 3 to 4 minutes. Add the onion, mushrooms, and carrot and cook until the onion is translucent, about 3 minutes. Add the green onions and stir-fry for another minute. Remove from the heat.

5. In a large bowl, thoroughly combine the noodles, beef mixture, spinach, remaining ¼ cup soy sauce, 1 tablespoon sesame oil, and the sugar. Serve warm, sprinkled with sesame seeds.

# 2. Korean Pancake

## Ingredients

### For dipping sauce

3 tablespoons soy sauce

2 teaspoons rice vinegar (not seasoned)

1 tablespoon sesame seeds, toasted

¼ teaspoon dried hot red pepper flakes

¼ teaspoon Asian sesame oil

### For pancakes

1 cup dried peeled (yellow) mung beans

2 medium carrots

1 bunch scallions (white parts only)

2 T fresh red chile, thinly sliced crosswise

1 tablespoon minced garlic (about 3 cloves)

1 cup water

2 large eggs

2 tablespoons all-purpose flour

1 teaspoon salt

4 tablespoons vegetable oil

## Preparation

1. Make dipping sauce

Stir together all dipping-sauce ingredients in a small bowl.

2. Make pancakes

1) Rinse mung beans in a sieve under cold running water until water runs clear. Cover beans with cold water by 2 inches in a bowl and soak, chilled, at least 2 hours.



2) Cut carrots into thin matchsticks, preferably using slicer. Halve scallions lengthwise and cut into 2 inch pieces. Combine carrots, scallions, chile, and garlic in a large bowl.

3) Drain mung beans and purée with water in a food processor until smooth, about 1 minute. Add eggs, flour, and salt and blend until smooth, about 30 seconds. Pour mixture over vegetables in bowl and stir with a flexible spatula(Batter will be thick).

4) Heat 1 tablespoon oil in a large heavy nonstick skillet (at least 8 inches across bottom) over moderate heat until hot but not smoking, then swirl to coat. Stir batter, then ladle 1 cup batter into skillet, pressing down lightly with a large spatula to flatten and evenly distribute vegetables, to make an 8 inch pancake (less than 1/2 inch thick). Cook until edges begin to bubble and

turn golden, 1 to 2 minutes, then turn over with spatula and cook until other side is golden, 1 to 2 minutes more.

5) Transfer pancake to paper towels to drain. Make 3 more pancakes in same manner, stacking them (after draining briefly) if desired. Transfer pancakes, 1 at a time, to a cutting board and cut each into 6 wedges. Serve warm or at room temperature with dipping sauce.

Some of Jeun popular in Korea

Pajeon

Korean scallion pancake

Meat pancake

Korean main dishes

Kimchi casserole

Korean Sliced beef(Taratr)

Crab marinated in soy sauce

A white festive noodle

A grilled knife(갈치) fish

Broiled spearibs patties
(Tteokgabbi steak)

# 3. A Spicy Summer Noodle Mix

## Ingredients(Serves 3 to 4)

2 fresh cucumbers, cut into long, skinny shreds

10 ounces kimchi, chopped coarse with its juice

1 tablespoon soy sauce

1 tablespoon sesame oil

1 teaspoon crushed garlic

1 teaspoon sesame seeds

1 tablespoon vinegar

1 tablespoon sugar

14 oz Korean wheat-flour noodles

## Preparation

1. In a large mixing bowl, combine the cucumbers, kimchi, soy sauce, sesame oil, garlic, sesame seeds, vinegar, and sugar, using your hands to distribute the seasoning evenly. Keep aside.

2. Bring 10 cups of water to boil, then add noodles. Cook for about 7 minutes, stirring to prevent clumping. Korean wheat-flour noodles are thin and cook fairly quick. Strain and run through cold water to chill.

3. Add the strained noodles to the salad mixture and mix roughly to dress the noodles. Put some ice in a shallow bowl, the noodles on top in a neat swirl, then use some of the salad mixture to spread over the top. Complement with Korean barley tea water to make the meal even more complete.



## Tips

● Use kimchi that is overripe (more than 10 days old if made from scratch) to add the proper pungency to this dish. Kimchi is also available jarred in Asian grocery stores and the refrigerated section of some supermarkets. Keep it in the fridge for a few days to ripen.

# 4. Kimchi

### (1) 정의

Kimchi is a traditional Korean fermented cabbage made of vegetables with seasonings.

● 김치는 여러 가지 계절 야채로 만든 한국의 천연 발효음식으로 지방, 계절 및 재료에 따라서 수십 가지로 나누어진다.

### (2) Basic Ingerdients

The major ingredients of Korean pickled cabbage are cabbage, Korean red pepper powder, Jjetgal(젓갈), salted shrimp, crushed garlic



● 김치를 구성하는 주재료는 배추, 무, 오이, 생강, 마늘, 파, 젓갈 등이다.

Korean Pottey in arrangement for fermentation.

Dried Korean red pepper

Korean Cabbage in fields.

Jjetgal, Salted shrimp

Bundles of garlic clove

Gingerroot

Korean fish sauce is a fermented seafood such as small shrimp, clam and so on.

● 한국의 젓갈은 베트남의 피쉬소스와 유사한 것으로 각종 해산물에 소금을 뿌려 발효시켜 만든다. 맛을 내는 주요한 조미료의 일종이다.

● 김치는 특별하게 만들어진 독(Pot)에 넣어서 저장하는데 긴 겨울 동안 야채위주의 식생활을 유지하는 한국인의 부식으로 널리 사용되었다.

### (3) 종류

김치의 종류는 사용되는 재료에 따라서 배추김치, 갓김치, 파김치, 무김치 등으로 구분되고 절임시기에 의한 저장성 김치와 즉석에서 만드는 겉절이 등이 있다.

Kimchis popular in Korea.

Yeulmoo kimchi

Pajerim

Diced turnip kimchi

Altari kimchi

Bean's leaf kimchi

Gutgery kimchi

Godeulpaeki Kimchi

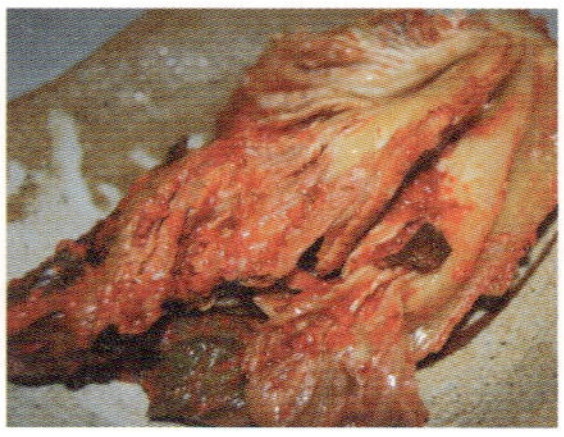
Hot red pepper kimchi

Marinated cabbage

# Napa Cabbage Kimchi

## Ingredients

4 pounds napa cabbage

¾ cup coarse salt

## Seasonings

1 teaspoon finely minced gingerroot

1 cup red pepper powder

2 tablespoons sugar

3 tablespoons garlic juice

1 cup onion juice

4 oz scallions, cut into 1inch lengths

3 tablespoons coarse salt

## Preparation

1. Coarsely chop the cabbage into 1inch pieces. Place in a container. Dissolve ¾ cup of salt in 2 cups of water and pour over the cabbage. Use your hand to mix it in evenly. Cover and let it pickle for 3 hours. Toss and turn over and pickle it for 3 more hours. Strain the cabbage and discard the salt water.

2. In a mixing bowl, combine all the seasonings and mix. Add the scallion last. Let it sit for 10 minutes. Distribute the seasoning on the cabbage and blend in using your hands.

3. Tightly pack the cabbage in a gallon-size jar. Cover the surface with plastic wrap and press down to get rid of air pockets. Store at 70 degrees for 24 hours to ferment. Chill before serving.



## Cook's Tips

1. Napa cabbage is Korean or Chinese cabbage.

2. Korean red pepper powder is available in asian markets. Cayenne pepper does not make a good substitution - its flavor is too mild.

3. To make garlic or onion juice, roughly chop and blend with just enough water to make a smooth mix. Strain out any solid bits.

4. After pickling the cabbage in salt water, drain it well-leave it in a colander for 20 minutes and press to remove all liquid.

5. Once the kimchi has fermented, it will last 10 days in the refrigerator before it becomes overripe and loses its crunchiness.

# White Kimchi

## Ingredients

7 tablespoons coarse salt

1 large Napa cabbage, outer leaves discarded, cabbage quartered lengthwise with root ends left intact

1 tablespoon sugar

1 teaspoon fish sauce

1 Asian pear, peeled, cored, cut into matchstick-size strips

½ pound turnip, peeled, cut into matchstick–size strips

6 green onions, cut into matchstick-size strips

3 garlic cloves, minced

## Preparation

1. Mix 6 cups water and 6 tablespoons coarse salt in very large bowl, stirring to dissolve salt. Place cabbage, cut side up, in water so that water almost covers cabbage. Put heavy plate atop cabbage, then top with iron skillet to weigh down to submerge cabbage in water. Set aside at room temperature 10 to 12 hours.

2. Drain cabbage and discard water. Rinse cabbage under cold water. Mix 4 cups water, 1 tablespoon coarse salt, sugar, and fish sauce in same large bowl. Let brine stand until salt dissolves, stirring occasionally, about 10 minutes.

3. Mix pear, turnip, green onions, and garlic in medium bowl. Lift each cabbage leaf and distribute some radish mixture between each leaf (about 1 to 1 ½ tablespoons). Nestle layered cabbage in bowl of brine as tightly as possible. Put heavy plate atop cabbage, then top with iron skillet to weigh down to submerge cabbage in brine.

4. Set aside at room temperature for 24 hours. Refrigerate kimchi submerged in brine for 24 hours.

5. Lift cabbage from brine, allowing excess brine to drip back into bowl. Place on work surface. Cut crosswise into 1 to 2 inch slices and serve.

# CHAPTER 3 서양 요리 (Western Cuisine)

### Object of the study

동양은 아시아를 포함한 제반 각국을 말하는 데 비하여 서양은 구대륙인 유럽과 신대륙인 아메리카를 말한다. 프랑스 및 이탈리아를 중심으로 발달한 서양 요리와 한국, 중국, 일본, 베트남 및 태국을 중심으로 발달한 동양 요리를 문화적 차원에서 살펴본다.



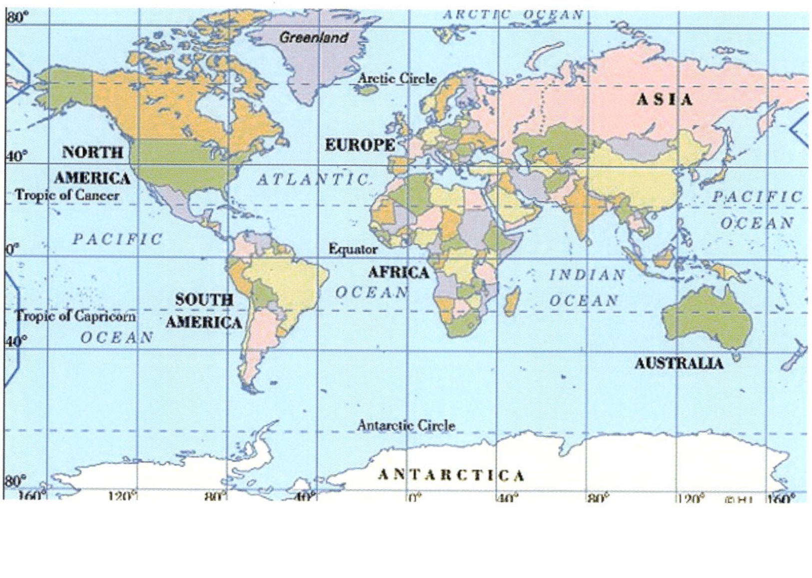

# 1. Mexican food

### (1) 개요

Mexican food is a style of food that originated in Mexico. Mexican cuisine is known for its intense and varied flavors, colorful decoration, and variety of spices.

● 멕시코 음식은 멕시코에서 기원된 음식으로 강렬하고 다양한 향과 다채로운 색상 및 향료로 정평이 나 있다.

Most of today's Mexican food is based on ancient traditions, such as the Aztecs and Maya[1], combined with culinary trends introduced by Spanish colonists. Quesadillas, for example, are a flour or corn tortilla with cheese, beef, chicken, pork, and so on.

● 오늘날의 멕시코 음식은 고대 아즈텍 문명과 마야 문명에 기반을 두고 있는데 스페인의 정복자들로부터 도입된 음식문화와 결합이 되어 있다. 예를 들면 퀘사디아는 치즈, 쇠고기, 돼지고기, 닭고기 등을 넣은 밀가루 혹은 옥수수 또르띠아이다.

### (2) Tex-Mex cuisine

Tex-Mex is a term used primarily in Texas and the Southwestern United States to describe a regional American cuisine that blends food products available in the United States and the culinary creations of Mexican-Americans influenced by the cuisines of Mexico.

1) 6세기 스페인에 정복되기 이전에 중앙 아메리카와 안데스 지역에서 발전했던 토착 인디언 문화

● 텍스-멕스는 텍사스와 멕시코 음식의 최고만을 결합한 형태라 할 수 있다. 멕시코의 맛과 재료에 텍사스만의 개성을 합한 것이 텍스-멕스로 이는 오로지 텍사스에서만 볼 수 있다. 실제로 텍스-멕스 중 일부 요리는 멕시코에서조차 맛볼 수 없다.

### (3) 음식 문화

멕시코 음식은 아메리카 원주민 문화에서 비롯된 옥수수 문화라고 말할 수 있다. 그 정도로 옥수수는 그들이 즐겨 먹는 식량이다. 옥수수는 주식으로 쓰일 뿐만 아니라 차게 마시는 오르차따와 추운 지방에서 끓여 마시는 아똘레라는 음료수의 재료로도 쓰인다.

### (4) 멕시코의 주요 요리



① 타코(taco)

타코(taco)는 옥수수가루로 만든 또르띠야에 어떤 음식이든지 다 싸서 먹는다. 넓게 말해서 또르띠야에 싸먹는 모든 형태의 요리를 타코라 할 수 있다.

● Taco is a traditional Mexican dish composed of a rolled, folded, pliable corn tortilla.

② 퀘사디아(quesadilla), 소페(sope), 나초(nacho)

A Quesadilla is a Mexican dish or Tex-Mex cuisine, involving cooking ingredients, grille meats, cheese, a corn tortilla in a tortill.

● 또르띠야에 음식을 넣고 기름에 튀긴다면 이것은 퀘사디아(quesadilla)이다. 또 튀긴 또르띠야의 작은 조각은 토토포(totopo)라고 한다.

토토포를 구아카몰레 소스(guacamole, 아보카도에 고추, 양파 다진 것과 소금 및 라임즙을 넣어 만든 소스)에 찍어 먹기도 하고, 또한 그 조각에 치즈를 녹여 부어 먹는 것을 나초(nacho)라 한다.

③ 부리토(Burrito)

A burrito is a type of food found in the Mexican and Mexican-American cuisine. It consists of a flour tortilla wrapped or folded around a filling. The flour tortilla is usually lightly grilled, to soften it and make it more pliable.

● 콩과 쇠고기 혹은 닭고기를 잘 버무려 밀가루 또르띠야에 네모지게 싸서 먹는 것으로 소스를 뿌려 먹기도 한다.

④ 엔칠라다(Enchilada)

또르띠야에 소를 넣고 둥글게 말아서 소스를 발라 구워내어 그 위에 치즈를 얹는 등 장식을 곁들인 음식이다.



⑤ 치미창가(Chimichangos)

밀가루 또르띠야에 소를 넣고 접거나 돌돌 말아 바삭바삭하게 튀겨 내는 것이다.

⑥ 퀘사디아(Quesadillas)

넓은 밀가루 또르띠야를 반으로 접어 치즈를 비롯한 내용물을 넣고 구워낸 후 부채꼴 모양으로 3~4등분하여 내는 것이다.

⑦ 화이타(Fajita)

구운 쇠고기나 치킨을 볶은 양파, 신선한 샐러드와 함께 밀가루 또르띠야에 직접 싸먹는 요리이다.

Mexican cuisine, courtesy

Fajita

Tortilla

Tortilla Chips

Taco

quesadilla

Sofe

Enchilada

Nachos

# 1. Tomato and Corn Salsa[2)]

## **Ingredients**(about 2 cups)

1 small red onion, chopped

½ teaspoon salt

Juice of 2 limes

4 red or green jalape o chiles, seeded and finely chopped

4 medium tomatoes, chopped

1 cup fresh or frozen (thawed) corn kernels

1 cup chopped cilantro



2) 살사(salsa) 라는 말의 기원은 원래 la salsa이며 양념, 소스라는 뜻이다.

## Preparation

1. Place the chopped onion in a bowl, sprinkle with the salt, squeeze the lime juice over, and set aside for 15 to 20 minutes.

2. Add the chopped chiles, tomatoes, corn, and cilantro to the onion mixture, and stir. Serve immediately.

# 2. Steak Fajitas[3] with Fresh Lime



## Ingredients(4 servings)

2 ½−oz skirt steaks, each halved

3 tablespoons fresh lime juice, divided

1 large onion, halved lengthwise, thinly sliced

4 large garlic cloves, pressed

3) 화이타(Fajita)란 쇠고기나 닭고기 등을 구워서 볶은 야채와 함께 또르띠아에 싸 먹는 멕시코 음식으로 화이타, 화지타 등으로 불려진다.

1 ½ tablespoons hot chili sauce (such as sriracha)

1 tablespoon ground cumin

1 teaspoon finely grated lime peel

2 tablespoons olive oil

12 cherry tomatoes

⅓ cup thinly sliced fresh basil

## Preparation

1. Warm flour or corn tortillas arrange steaks in 13×9×2 inch glass baking dish; sprinkle with salt and pepper. Combine 2 tablespoons lime juice and next 5 ingredients in medium bowl. Pour onion mixture over steaks; turn to coat evenly. Let marinate 10 minutes.

2. Heat oil in large nonstick skillet over high heat. Add steaks with onion mixture. Cook steaks 1 minute per side. Add tomatoes and basil. Continue cooking steaks to desired doneness, turning occasionally, about 3 minutes longer for medium-rare.

3. Sprinkle mixture with 1 tablespoon lime juice. Cook 1 minute longer to blend flavors. Transfer steaks to work surface.

4. Cut across grain on slight diagonal into ½-inch-thick strips. Transfer fajitas to bowl and serve with tortillas.

## 2. French cuisine

### (1) 개요

French cuisine is a style of cooking originating from France, that has developed from centuries of social and political change.

● 프랑스 요리는 서양식 요리의 대부격으로 수세기에 걸쳐서 발달된 격조 높은 요리이다.

### (2) 프랑스의 유명한 요리

① Goose liver terrine (Foie gras, 푸아그라)

푸아그라는 거위나 오리의 간을 주재료로 만든 프랑스 요리로 원래 프랑스어로 푸아그라는 살찐 간이라는 뜻이다.



② Truffle(송로버섯)

송로버섯은 땅속에서 자라는 검은 버섯으로 고급 프랑스 요리나 이탈리아 요리에 빠질 수 없는 귀중한 버섯이다. 이 버섯은 무척 귀해서 정해진 가격이 없고 그 해 산출량에 따라서 경매에 부쳐진다고 한다. 세계 3대 진미에도 속하는 송로버섯은 강한 향을 지녀 재료에 향을 옮긴다.

③ Caviar (철갑상어알)

캐비어는 카스피해를 중심으로 생산되는 철갑상어의 알젓을 말한다. 철갑상어의 알을 정교한 체에 조심스럽게 걸러 알에 부착된 핏줄, 지방 및 기타조직과 지방을 제거하고 소금으로 간하여 조미한다.

Foie gras

Truffle

Caviar

세계 3대 진미라 칭하는 푸아그라, 송로버섯, 캐비어

# 1. Pan-Seared Sole with Local Winter Vegetables

## Ingredients(4 servings)

4 (6 to 8 oz) fillets of sole

3 ½ teaspoons kosher salt

1 ½ teaspoons freshly ground black pepper

2 tablespoons olive oil

2 small leeks, halved lengthwise, rinsed, and thinly sliced

2 cloves of garlic, finely chopped

2 tablespoons unsalted butter

1 bunch broccolini(6 to 8 ounces)



1 ½ cups cauliflower, quartered

½ pound green beans, trimmed

## Preparation

1. Sprinkle fillets with 2 ½ teaspoons salt and 1 teaspoon pepper. In large nonstick skillet over moderately high heat, heat ½ tablespoon oil until hot but not smoking. Working in two batches, fry fish until golden, about 3 minutes per side. Transfer to platter and loosely cover with foil to keep warm.

2. In large nonstick skillet over moderate heat, heat remaining tablespoon oil. Add leeks and garlic and sauté 2 minutes. Add butter, broccoli, cauliflower, and green beans and sauté until

vegetables are crisp-tender, about 8 to 10 minutes.

3. Transfer vegetables to serving platter and sprinkle with remaining teaspoon salt and ½ teaspoon pepper. Top with fish and drizzle with any butter and pan juices remaining in skillet.

# 2. Cream of Broccoli Soup

**ingredients**(4 servings)

2 ½ pounds broccoli

10 oz wild mushrooms

3 cups chicken stock

⅝ cup whipping cream

Salt and freshly ground pepper

1 shallot

1 ½ tablespoons unsalted butter

## Preparation

1. Cut off the broccoli florets. Wash and drain them. To make a vivid green soup, cook the florets, uncovered, in a large amount of boiling salted water for 5 minutes, until very well cooked. Drain, refresh in cold water so that they keep their color, and drain thoroughly.

2. Cut off and discard the earthy ends of the mushroom stalks. If you are using cépes, simply wipe the caps with a cloth; wash all the other mushrooms briefly under running water.

3. Cut large mushrooms into approximately ⅛-inch slices, medium-sized mushrooms into quarters, and leave small ones whole. Place in an airtight container and keep cool.

4. Bring the chicken stock to a boil, pour it over the broccoli, and purée in a blender or a food processor. Pour the purée into a saucepan, add the cream, and season with salt and pepper. Strain the cream of broccoli through a fine sieve, and return it to the saucepan.

5. Peel the shallot and chop it very finely. Place in an airtight container and keep cool.

## 3. Spanish cuisine

### (1) 개요

Spanish cuisine consists of a variety of dishes, which stem from differences in geography, culture and climate. It is heavily influenced by seafood available from the waters that surround the country, and reflects the country's deep maritime roots.

### (2) 음식의 특성

스페인의 음식은 지형, 문화 및 기후 등에 따라서 다양한 음식으로 구성되어 있는데 특히 바다로 둘러싸인 특성에 근간을 두고 있다.

스페인의 역사를 볼 때 다양한 영향을 받았기에 독특한 요리와 조리법, 향을 가지고 있다. 한편 라틴아메리카를 비롯한 수많은 스페인어권 국가들에 토착요리와 견줄만한 절대적 영향력이 스페인 요리로부터 유래했다고 볼 수 있다.

### (3) 주요 음식

① 빠에야

빠에야는 대표적인 스페인 전통요리로 여러 해산물을 첨가한 볶음밥의 일종이다. 8세기 무렵부터 시작된 이슬람 지배의 영향으로 발렌시아 지방에서 시작되었으며 지금은 스페인의 대표적인 요리가 되었다.

요리의 이름인 빠에야는 둥근 모양에 바닥이 얕고 양쪽에 손잡이가 달린 프라이팬을 가리키는 말로, 전통적인 빠에야는 1m가 넘는 큰 원형으로서 모든 사람들이 장작불을 피워 주변에서 쉽게 구할 수 있는 재료들을 넣고 밥과 함께 볶아 먹었다.

② 하몽

하몽(Jamón)은 스페인 전통음식으로 소금에 절여 건조한 돼지의 다리로 만든 햄이다.

# 1. Seafood Paella

## Ingredients

1 tablespoon olive oil

5 bacon slices, chopped

1 3 ½pound whole chicken, cut into 8 pieces

2 cups chopped onions

4 garlic cloves, minced

2 cups long-grain white rice

1 7oz roasted sliced pimientos with juice

½ teaspoon crushed saffron threads

2 cups bottled clam juice

1 ½ cups chicken stock

1 pound large, peeled, deveined

1 pound squid, bodies cut into ½inch rings

1 dozen clams, scrubbed

1 dozen mussels, scrubbed, debearded
1 cup frozen green peas, thawed
Lemon wedges

## Preparation

1. Preheat oven to 450°F. Heat olive oil in heavy large pot over medium-high heat. Add chopped bacon and cook until fat is rendered, about 6 minutes. Using slotted spoon, transfer bacon to paper towels and drain. Set aside.

2. Sprinkle chicken pieces with salt and pepper. Add chicken to bacon drippings in pot and cook over medium heat until brown, about 7 minutes per side. Using tongs, remove chicken from pot.

3. Add chopped onions and garlic to pot and sauté until beginning to brown, scraping up any browned bits, about 10 minutes. Stir in rice, roasted pimientos with juices and saffron. Add clam juice and chicken stock to pot and bring mixture to simmer. Remove from heat.

4. Pour rice mixture into 15×10×2 inch glass baking dish. Arrange chicken, shrimp, squid, clams and mussels in rice mixture. Sprinkle with chopped bacon and peas. Cover with foil.

5. Bake paella until chicken is cooked through, clams and mussels open and rice is tender, about 45 minutes (discard any clams and mussels that do not open). Remove foil from baking dish. Let paella stand 10 minutes. Serve with lemon wedges.

# 2. Spanish Omelette

## **Ingredients**(2 servings)

1 8oz russet potato

2 tablespoons olive oil

½ small onion, chopped

¼ small green bell pepper, diced

¼ cup sliced pimiento-stuffed green Spanish olives

1 tablespoon minced fresh oregano or 1 teaspoon dried, crumbled

¾ cup shredded cheddar cheese

6 eggs

## Preparation

1. Boil russet potato in salted water until just tender when pierced with sharp knife, about 25 minutes. Drain potato. Cool, peel and dice.

2. Heat 1 tablespoon olive oil in heavy medium saucepan over medium-high heat. Add onion and bell pepper and sauté until onion is golden brown and pepper is tender, about 10 minutes.

3. Mix in potato, Spanish olives and oregano and cook until mixture is heated through, stirring occasionally, about 5 minutes. Remove from heat. Gently mix in cheese. Season to taste with salt and pepper and cover to keep warm.

4. Heat remaining 1 tablespoon olive oil in heavy 10 inch nonstick skillet over medium-high heat. Beat eggs to blend in large bowl.

5. Season with salt and pepper. Add eggs to skillet. Stir with back of fork and lift edges, allowing uncooked portion of eggs to flow under cooked portion.

6. Cook until eggs are just set, 3 minutes. Spoon filling over half of eggs. Using spatula, fold unfilled portion of eggs over filling. Transfer to platter.

# 4. Italian cuisine

## (1) 개요

Italian cuisine has developed through centuries of social and political changes, with roots as far back as the 4th century B.C. Italian cuisine in itself takes heavy influences, including Etruscan, ancient Greek, ancient Roman, Byzantine, Jewish and Arab cuisines.

● 이탈리아 요리는 기원전 4세기부터 다양한 사회 · 정치적 변화와 함께 발전해 왔다. 특히 신대륙의 발견으로 남아메리카 지역으로부터 감자, 토마토, 후추, 옥수수 등의 새로운 식재료가 유입되면서 이탈리아 요리는 큰 변화를 겪었다. 이러한 재료들은 오늘날에는 매우 일반적으로 사용되지만 18세기 이전까지는 널리 보급되지 않았다.

Barley risotto

### (2) 이탈리아의 지방요리

모두 20개의 주로 구분되는 이탈리아는 각 지방마다 그 특성이 다른데 국경에 접한 곳일수록 그 특성이 확연하게 드러나며, 상대적으로 바다나 산을 끼고 있는 지역은 외부의 영향력이 적어 개방되는 양상을 띤다.

특히 이탈리아는 삼면이 바다인 관계로 해산물을 중심으로 한 요리가 많으며 북부지방은 프랑스풍을 닮고 남부지방으로 내려올수록 토속적인 형태로 발달된 것이 특징이다.

### (3) 한국에서의 이탈리아 요리

한국에서 상업적 · 대중적으로 인기를 누린 음식은 단연 피자로, 초기에는 국내에 거주하는 외국인들이 주요 고객이었으나 점차적으로 대중화되었다. 이후 프랜차이즈 업체의 발달에 힘입어 폭발적인 성장을 하였으며 이후 대도시를 중심으로 파스타가 피자의 뒤를 이어 인기를 끌었다.

피자의 경우, 미국식의 반죽피자 중심으로 유입되어 이후 우리 입맛에 맞게 변형된 형태이며 이후 김치피자 등도 출시되어 한국화된 이탈리아 음식으로 자리매김을 하였다.

Italian pasta

Fusilli duck confi and ricota cheese

Homemade maccheroncini

Spaghetti caramari and lobster ragout

# 1. Spaghetti Carbonara with Pork Belly and Fresh Peas

### Ingredients

Chicken tortelli , basil, cream, asparsgus, pecorina

(4 to 6 servings)

Pork belly

½ teaspoon coarse kosher salt

½ teaspoon coriander seeds, crushed

1 pound fresh pork belly

1 small onion, quartered

1 small carrot, peeled, quartered

½ celery stalk, cut into 2 inch pieces

2 garlic cloves, peeled, smashed

1 bay leaf

¼ teaspoon whole black peppercorns

2 tablespoons dry white wine

½ cup low-salt chicken broth

2 tablespoons olive oil

1 garlic clove, minced

¼ cup dry white wine

1 pound spaghetti

1 ½ cups fresh shelled peas

2 large eggs

½ cup grated Parmesan cheese

¼ cup chopped fresh parsley

## Preparation

### 1. For pork belly

① Rub coarse salt and coriander into pork belly. Cover and chill at least 4 hours and up to 2 days.

② Preheat oven to 275°F. Place pork belly in large ovenproof saucepan. Add onion, next 5 ingredients, 2 tablespoons wine, and chicken broth. Bring to boil, cover, and transfer to oven.

③ Cook until pork is very tender when pierced with fork, turning every 30 minutes, about 2 hours 15 minutes. Cool slightly. Cover and chill at least 1 day and up to 2 days.

④ Discard any solidified fat on surface of pork belly mixture. Remove pork from cooking liquid, scraping any gelatinous mixture back into saucepan. Rewarm mixture in saucepan just until melted. Strain liquid into measuring cup.

⑤ Add white wine if necessary to measure ½ cup. Cut rind and all but ¼-inch layer of fat from pork belly. Slice pork crosswise into ½-inch slices, then cut slices crosswise into ½-inch-thick strips.

⑥ Heat oil in heavy large skillet over medium-high heat. Add pork belly and cook until browned on all sides, stirring often, about 7 minutes. Add garlic and sauté 1 minute. Add pork cooking liquid and ¼ cup wine.

⑦ Bring to boil, then cover and keep warm.

### 2. For spaghetti carbonara



① Cook spaghetti in large pot of boiling salted water until almost tender but still firm to bite, stirring occasionally. Add peas; cook 1 minute longer.

② Meanwhile, whisk eggs in large bowl. Add ¼ cup Parmesan cheese, Pecorino Romano cheese, and parsley; set aside.

③ Drain pasta, reserving 1 cup cooking liquid. Whisk ¼ cup hot cooking liquid into egg mixture. Add pasta; toss to coat. Add mixture to skillet with pork and toss, adding more cooking liquid by tablespoonfuls if dry.

④ Season generously with black pepper. Divide among bowls and serve, passing remaining ¼ cup Parmesan cheese alongside.

## 5. English cuisine

### (1) 개요

English cuisine encompasses the cooking styles, traditions and recipes associated with England. It has distinctive attributes of its own, but also shares much with wider British cuisine, largely due to the importation of ingredients and ideas from places such as North America, China, and India during the time of the British Empire and as a result of post-war immigration.

### (2) 유명 음식

#### ① Fish and Chips

영국은 특징적인 음식이 없는 것으로 알려져 있는데 그 중에서 굳이 대표성을 띠는 음식을 찾으려면 피쉬 앤 칩스가 대중적이다. 사실 이 음식은 현재 정크푸드나 길거리 음식으로 구분될 수 있다. 생선은 보통 대구나 가자미 등의 흰살생선을 많이 이용한다. 비만의 원인이 될 수 있다.

요리방법도 간단한데 생선에 튀김옷을 입히고 감자를 길게 썰어서 기름에 튀기면 된다. 중요한 것은 싱싱한 생선과 감자를 적당한 온도에서 적당한 시간동안 튀겨야 제 맛이 난다는 것이다.

#### ② Haggis(하기스)

스코틀랜드 지방에서 먹는 Haggis 라는 것이 있는데, 우리나라의 순대와 비슷하다. 동물의 내장과 자투리 고기를 양파와 같이 썰어서 소금 및 후추로 간을 한 음식으로 옛날 서민들이 즐겨 먹었던 음식이다.

### ③ Roast beef & Lamb

전통적인 영국의 이 음식은 일요일 가족들과 한자리에 모여 즐겼다고 한다. 로스트비프는 각자의 취향에 따라 감자, 야채, 밀가루, 고기국물로 만들어 그레비 소스, 겨자 등과 함께 먹는다. 로스트비프에는 요크셔 푸딩이 곁들여진다.

### ④ 요크셔 푸딩(Yorkshire Pudding)

주요리에 곁들여지는 음식으로 영국의 요크셔 지방에서 만들기 시작하여 요크셔 푸딩이라는 이름이 붙여졌다.

# 1. Fish and Chips

## Ingredients(4 servings)

4 large boiling potatoes (2 ¼ lb)

3 qt vegetable oil (96 fl oz)

2 cups all-purpose flour

1 (12-oz) bottle cold beer

1 ½ lb haddock or cod fillets, skinned, pin bones removed, and fish cut diagonally into 1-inch-wide strips

Accompaniment: malt vinegar

## Preparation

1. Peel potatoes and halve lengthwise, then cut lengthwise into ½-inch-thick wedges, transferring as cut to a large bowl of ice and cold water. Chill 30 minutes.

2. Heat oil in a deep 6-quart heavy pot over moderately high heat until it registers 325°F on thermometer. While oil is heating, drain potatoes and dry thoroughly with paper towels. Fry one third of potatoes, stirring gently, until edges are just golden, about 4 minutes.

3. Transfer with a slotted spoon to fresh paper towels to drain. Fry remaining potatoes in 2 batches, returning oil to 325°F between batches. Remove oil from heat and reserve. Cool potatoes, about 25 minutes.

4. Heat oil over moderately high heat until it registers 350°F. Put oven racks in upper and lower thirds of oven and preheat oven to 250°F.

5. Fry potatoes again, in 3 batches, until deep golden brown and crisp, about 5 minutes per batch. Return oil to 350°F between batches. Transfer with slotted spoon to fresh paper towels as fried and drain briefly, then arrange in 1 layer in a shallow baking pan and keep warm in upper third of oven.

6. Increase oil temperature to 375°F. Sift 1 ½ cups flour into a bowl, then whisk in beer gently until just combined. Stir in ¼ teaspoon salt.

7. Pat fish dry. Sprinkle fish on both sides with ¾ teaspoon salt and ¼ teaspoon pepper, then dredge in remaining ½ cup flour, shaking off excess.

8. Coat 4 pieces of fish in batter, 1 at a time, and slide into oil as coated. Fry coated fish, turning over frequently, until deep golden and cooked through, 4 to 5 minutes.

9. Transfer to a paper-towel-lined baking sheet and keep warm in lower third of oven, then fry remaining fish in batches of 4, returning oil to 375°F between batches.

10. Season fish and chips with salt.



## Cooks' note

Chips can be fried for the first time 3 hours ahead and kept, uncovered, at room temperature until refrying.

# PART Ⅷ

# 한국 전통 요리
Korean Traditional Cuisine

ractical Training of Culinary English

Practical Training of Culinary English

# CHAPTER 1 한국 요리의 표준화
(The Standardization of Korean Cuisine)

## 1. 개요

한국음식은 수천년에 걸친 장구한 역사를 지닌 훌륭한 음식임에 틀림없다. 그러나 우리나라의 경우만 보더라도 국민들의 쌀 소비량이 감소하고 있다. 전통적인 발효음식인 된장을 만드는 주부들이 거의 없어지고 청국장이나 된장이 냄새가 난다고 싫어하는 청소년들이 많이 나타나는 것이 현실이다. 반면에 패스트푸드나 정크푸드(Junk food)가 만연하고 있으니 이는 장기적인 측면에서 바라볼 때 상당히 안타까운 일이다.

비판만 하고 국수적인 입장에서 우리 음식만 바라본다면 또한 바람직한 방법은 아니라고 본다. 세계가 이웃처럼 된 지금의 식문화의 현실을 충분히 이해하고 더불어 공존하는 음식문화를 창조해야 한다.

## 2. 한식메뉴의 영어표기

### (1) 표준화

우선 표준화된 한식의 음식 명칭이 필요하다. 외국의 한식당에서 불고기를 달리 표현하는 것이 15가지나 발견되었다고 하는데 이는 결코 바람직하지 못하다. 최근의 정리된 올바른 표기법을 익혀서 통일화한다.

### (2) 메뉴의 표기 사례 및 수정

아래 예문은 기존의 한식메뉴에 대한 영어표기이다. 세계화의 차원에서 한식메뉴를 표기할 때에는 면밀하게 살펴보아야 한다. 그래서 기존에 작성된 메뉴명칭을 일부 수정하였다. 적합하고 통일된 표기로 한식을 찾는 외국인에게 가장 올바른 정보를 주어야 한다.

① 김밥[gimbap] Dried Seaweed Rolls(Korean Rolls)

Vegetables and cooked egg are placed on seasoned rice. The ingredients are then rolled in dried seaweed and sliced into bite-sized pieces.

● Seaweed에는 단순하게 김이라기보다는 모든 해조류가 포함된다. 'laver' 혹은 'dried laver' 가 좀 더 근접한 의미를 가진다.



■ Dried Laver Rolls

② 김치볶음밥[kimchi-bokkeumbap] Kimchi Fried Rice

A spicy dish consisting of fried rice and chopped kimchi. Beef or pork may also be added.

● 재료를 순수하게 김치만 첨가할 수도 있고 다른 부재료를 첨가할 수도 있다. 김치와 돼지고기는 궁합이 맞으므로 많이 사용하는 편이며 개인 취향에 맞게 다양한 식재료를 사용할 수 있기 때문에 김치볶음밥에 대한 정형화된 레시피는 없다. 취향에 따라서 부재료로는 돼지고기, 햄, 소시지, 참치, 김가루 등이 들어가며 달걀국 등이 동반된다. 그냥 Fried라는 용어보다는 가볍게 흔들면서 볶는 Stir fried가 더 적합하다.

■ Stir fried Kimchi Rice

### ③ 돌솥비빔밥[dolsot-bibimbap] Sizzling Stone Pot Bibimbap

This meal is served piping hot in an earthenware pot, consisting of rice, cooked vegetables and beef, mixed with red chili paste. The rice is deliciously crispy at the bottom. It is the one of the most popular variations of bibimbap.

● 비빔밥은 밥과 다른 재료를 함께 섞어서 골고루 비벼 먹는 요리이다. 두 가지 이상의 재료를 같이 섞는 방법은 'Mixing', 'Tossing', 그리고 'Blending' 인데 여기에서는 믹싱이 가장 바람직하다. 따라서 표기된 메뉴는 요리의 동작과 관련된 행위동사가 없다. 'Sizzleing' 은 '지글지글' 이라는 뜻의 의성어이므로 요리방법과는 무관하다. 또한 동반되는 소스를 표기하여 주는 것이 보다 더 바람직하다.

■ **Mixed Stone Pot Rice with Hot Pepper Paste**



### ④ 밥[bap] Cooked White Rice

Steamed short-grain rice.

● 밥은 끓임(Boiling)과 스팀(Steaming)이 동시에 작용하므로 어느 용어를 사용해도 무방하다. 쌀밥인 경우 White rice가 맞지만 보리밥이나 잡곡밥인 경우에는 위의 표현이 제한적이다.

■ **Steamed Rice**

⑤ 불고기덮밥[bulgogi-deopbap] Bulgogi with Rice

Stir-fried bulgogi (beef in a soy sauce marinade), served on a bed of rice.

● 덮밥의 경우 밥 위에 다른 재료를 올려 놓은 것을 말한다. 그러므로 밥이 중심요리이다. 장어덮밥의 경우, 밥 위에 장어구이가 있다. 따라서 밥이 밑에 있고 불고기가 위에 있다면 이 표현은 수정되어야 한다.

■ Steamed Rice and Bulgogi on Top

### (3) 메뉴 표기 연습

아래 한식메뉴를 (2)의 메뉴사례에서 보는 것처럼 적절한 이유를 들고 수정하라.



① 비빔밥[bibimbap] Rice Mixed with Vegetables and Beef

Rice topped with various cooked vegetables, such as zucchini, mushrooms and bean sprouts, plus beef and a fried egg. Served with red chili paste, which should be mixed in thoroughly.

●

■

② 산채비빔밥[sanchae-bibimbap] Mountain Vegetable Bibimbap

Rice topped with lots of freshly picked mountain shoots and leafy green vegetables. Red chili paste or soy sauce seasoning is then added and mixed. It's served with red chili paste or soy sauce seasoning which should be mixed in thoroughly.

●

■

③ 쌈밥[ssambap] Rice with Leaf Wraps

A traditional meal, where diners wrap their rice in various leafy vegetables.

●

■

④ 영양돌솥밥[yeongyang-dolsotbap] Nutritious Stone Pot Rice

Rice, ginseng, chestnut, and jujubes, cooked and served in a hot stone pot. It comes with a soy sauce.

●

■

⑤ 오징어덮밥[ojingeo-deopbap] Spicy Sauteed Squid with Rice

Stir-fried squid and vegetables, typically onion and carrot, in a spicy sauce. It is served on rice and mixed thoroughly.

●

■

⑥ 콩나물국밥[kongnamul-gukbap] Bean Sprout Soup with Rice



Bean sprouts cooked in an aromatic anchovy stock. Rice added before serving and it is seasoned with shrimp sauce.

●

■

### ⑦ 잣죽[jatjuk] Pine Nut Porridge

Smooth porridge made with rice and ground pine nuts.

●

■

### ⑧ 전복죽[jeonbokjuk] Rice Porridge with Abalone

Rice porridge cooked with minced abalone. It is regarded as a delicacy.

●

■

### ⑨ 호박죽[hobakjuk] Pumpkin Porridge

Sweet, mellow porridge made with pumpkin and sticky rice flour. Beans or glutinous rice balls may also be added.

●

■

### ⑩ 흑임자죽[heugimjajuk] Black Sesame and Rice Porridge

Smooth porridge made with rice and ground black sesame seeds. Salt or sugar may also be added.

●

■

Abalone porridge set

Steamed stone pot rice

Grille galbi w/rice

### (4) 메뉴 수정 및 표기 연습

아래 영문 메뉴를 해독한 다음 수정해야 할 부분에 대하여 별지에 기록하라.

1. 만두[mandu] Mandu

   Steamed mandu (Korean-style dumplings) made with meat and vegetables. The dough is distinctively delicate. Served boiled, steamed or fried.

2. 물냉면[mul-naengmyeon] Chilled Buckwheat Noodle Soup

   Noodles made with buckwheat and starch. Served in a chilled beef broth with pickled radish, sliced Korean pear and a hard-boiled egg. It is often served with a side dish of vinegar and mustard.

3. 비빔국수[bibim-guksu] Mixed Noodles

   Thin noodles mixed with a variety of vegetables in a hot, sweet sauce.

4. 비빔냉면[bibim-naengmyeon] Spicy Mixed Buckwheat Noodles

   Buckwheat noodles and vegetables, typically radish and Korean pear, in a red chili sauce.

5. 수제비[sujebi] Sujebi (Korean Style Pasta Soup)

   Soup made with small pieces of sujebi (handmade dumplings) in a stock.

6. 잔치국수[janchi-guksu] Banquet Noodles

Thin noodles in a hot, clear stock. Topped with zucchini, chopped kimchi, and dried seaweed. It is often enjoyed on special occasions, especially weddings.

7. 쟁반국수[jaengban-guksu] Jumbo Sized Buckwheat Noodles

A large platter of cold buckwheat noodles and vegetables, in a red chili sauce.

8. 칼국수[kalguksu] Noodle Soup

Soup made with flat fresh wheat noodles, zucchini and potato. Soy sauce seasoning may also be added.



9. 갈비탕[galbitang] Short Rib Soup

Soup made with simmered beef ribs and radish.

10. 감자탕[gamjatang] Pork-on-the-Bone Soup with Potatoes

Pork backbone soup, made with potatoes, green cabbage leaves, and aromatic wild sesame seeds.

11. 곰탕[gomtang] Thick Beef Bone Soup

Slowly simmered beef bone soup, served up with chopped green onion and salt.

12. 된장국[doenjangguk] Soybean Paste Soup

Soup made with soybean paste, onion, zucchini, potato, and tofu, in an anchovy or beef stock.

13. 떡국[tteokguk] Sliced Rice Cake Soup

Soup with sliced ovals of rice cake (Korean-style unsweetened rice cake) in a clear beef broth.

14. 떡만두국[tteok-mandutguk] Rice cake and Mandu Soup

A clear soup, made with rice cake (Korean-style rice cake) and mandu(Korean-style dumplings).

15. 만두국[mandutguk] Mandu Soup

Clear mandu(Korean-style dumplings) soup. Thin-skinned dumplings, filled with minced meat and vegetables.

16. 매운탕[maeuntang] Spicy Fish Soup

Stew consisting of seasonal freshwater fish, radish, and suk-gat (edible chrysanthemum). It has a rich, spicy flavor.

17. 미역국[miyeokguk] Seaweed Soup

Seaweed soup made in a beef or anchovy stock. It is a popular birthday meal.

18. 북어국[bugeotguk] Dried Pollock Soup

Clear soup made with dried pollock, green onion, and garlic. A beaten egg is added just before serving.

19. 삼계탕[samgyetang] Ginseng Chicken Soup

Whole young chicken stuffed with ginseng, sticky rice, Korean dates and garlic. It is widely recognized as an energy- boosting meal during summer.

20. 설렁탕[seolleongtang] Ox Bone Soup

Nutritious soup made with beef bones and slices of beef. It is typically simmered overnight. Salt or seasoning may be added once served.

21. 우거지갈비탕[ugeoji-galbitang] Cabbage and Short Rib Soup

Soup made with green cabbage leaves and soybean paste, in a short rib broth.

22. 육개장[yukgaejang] Spicy Beef Soup

Spicy soup made with beef, leek, green bean sprouts, and bracken. It is widely recognized as an invigorating meal in the summertime.



23. 해물탕[haemultang] Spicy Seafood Soup

Spicy stew made with seasonal seafood, radish, minari (Korean parsley), and suk-gat (edible chrysanthemum).

24. 김치찌개[kimchi-jjigae] Kimchi Stew

Spicy stew made with ripened kimchi, pork, and tofu.

25. 된장찌개[doenjang-jjigae] Soybean Paste Stew

Stew made with soybean paste, tofu, clams, and vegetables. It is served piping hot in an earthenware pot.

26. 부대찌개[budae-jjigae] Spicy Sausage Stew

Stew consisting of ham, sausage, pork, kimchi, and tofu in a beef stock. It is cooked at the table.

27. 순두부찌개[sundubu-jjigae] Spicy Soft Tofu Stew

Spicy stew containing soft tofu, seafood, and sometimes egg. It is served piping hot in an earthenware pot.

28. 청국장찌개[cheonggukjang-jjigae] Rich Soybean Paste Stew

Thick, wholesome soybean paste stew, which is made with tofu, kimchi, and chilies.

29. 해물순두부찌개[haemul-sundubu-jjigae] Seafood Soft Tofu Stew

Spicy stew containing soft tofu and seafood. It is served piping hot in an earthenware pot.

30. 곱창전골[gopchang-jeongol] Spicy Beef Tripe Hot Pot

Beef tripe and vegetable hot pot. It is cooked at the table.

31. 국수전골[guksu-jeongol] Noodles Hot Pot

Beef and vegetable hot pot, cooked at the table. Noodles are added just before it is served.

32. 두부전골[dubu-jeongol] Tofu Hot Pot

A moderately spicy and well-presented hot pot, made with tofu, beef, and vegetables. It is cooked at the table.

33. 만두전골[mandu-jeongol] Mandu Hot Pot

A mandu (Korean-style dumplings) hot pot containing pork and vegetables, in a beef stock. It is cooked at the table.

34. 불낙전골[bullak-jeongol] Bulgogi and Octopus Hot Pot

A spicy hot pot made with bulgogi (beef in a soy sauce marinade ) and octopus, cooked at the table.

35. 신선로[sinseollo] Royal Hot Pot

A colorful assortment of pan-fried delicacies, in a clear stock. Historically, this meal was reserved for royalty.

36. 갈비찜[galbijjim] Braised Short Ribs

Short ribs, cooked in a soy sauce seasoning with assorted vegetables, such as carrots, mushrooms and radish.

37. 닭백숙[dak-baeksuk] Whole Chicken Soup



Simmered whole young chicken

38. 보쌈[bossam] Napa Wraps with Pork

Thin slices of boiled pork, served with kimchi that is used to wrap the meat.

39. 수육[suyuk] Boiled Beef or Pork Slices

Thinly-sliced boiled beef, served with a shrimp sauce dip.

40. 아귀찜[agwijjim] Spicy Angler Fish with Soybean Sprouts

Angler fish, braised in a spicy sauce with bean sprouts and minari (Korean parsley).

### 41. 족발[jokbal] Pigs' Trotters

Pigs' feet cooked in a spiced soy sauce. It often comes with a shrimp sauce dip.

### 42. 해물찜[haemuljjim] Braised Seafood

A spicy seafood dish, typically made with shrimp, squid and crab. It is braised with bean sprouts and minari (Korean parsley).

### 43. 구절판[gujeolpan] Platter of Nine Delicacies

A colorful platter of 8 julienned vegetables and beef, served with crepes in the center. It comes with a vinegar-soy sauce or mustard dip.

### 44. 나물[namul] Vegetable Side Dishes

Blanched or stir-fried vegetables, seasoned in various ways.

### 45. 도토리묵[dotorimuk] Acorn Jelly Salad

Acorn jelly salad mixed with carrot, cucumber, chili, and suk-gat (edible chrysanthemum). It is dressed with a soy sauce seasoning.

### 46. 오이선[oiseon] Stuffed Cucumber

Cucumber stuffed with colorful ingredients, such as beef, carrot, and egg. It is dressed with a vinegar sauce.

### 47. 잡채[japchae] Noodles with Sauteed Vegetables

A colorful dish made with glass noodles, beef, carrot, and spinach in a soy sauce seasoning.

48. 탕평채[tangpyeongchae] Mung Bean Jelly Mixed with Vegetables and Beef

Slices of mung bean jelly mixed with stir-fried beef, green bean sprouts, minari (Korean parsley), and dried seaweed. Soy sauce provides the seasoning.

49. 해파리냉채[haepari-naengchae] Jellyfish Platter

Thinly-sliced jellyfish and cucumber with a vinegar-mustard sauce. It is served cold.

50. 갈치조림[galchi-jorim] Braised Cutlassfish

Braised cutlassfish with radish and chili, in a soy sauce or red chili sauce.



51. 고등어조림[godeungeo-jorim] Braised Mackerel

Braised mackerel with radish and chili, in a soy sauce or red chili sauce.

52. 두부조림[dubu-jorim] Braised Pan-Fried Tofu

Pan-fried tofu slices, braised in a soy sauce and chili powder.

53. 은대구조림[eundaegu-jorim] Braised Cod

Braised cod with radish, in a soy sauce.

54. 궁중떡볶이[gungjung-topokki] Royal Court Rice Cake

Stir-fired rice cake with beef, mushrooms and assorted vegetables, in a soy sauce.

55. 낙지볶음[nakji-bokkeum] Stir-Fried Octopus

Octopus, onion and carrot, stir-fried in a red chili sauce.

56. 닭찜[dak-jjim] Braised Chili Chicken

Chicken, potato, carrot, and onion braised in a red chili sauce.

57. 두부김치[dubu-kimchi] Tofu with Stir-Fried Kimchi

Sliced tofu, served with stir-fried kimchi and pork.

58. 떡볶이[topokki] Stir-Fried Rice Cake

A Korean dish that is stir-fried with rice cake, vegetables and fish cake in a spicy sauce.



59. 오징어볶음[ojingeo-bokkeum] Stir-Fried Squid

Stir-fried squid with vegetables, in a red chili sauce.

60. 제육볶음[jeyuk-bokkeum / dwaejigogi-bokkeum] Stir-Fried Pork

Stir-fried pork with onion, served in a spicy red chili sauce.

61. 곱창구이[gopchang-gui] Grilled Beef Tripe

Grilled beef tripe, served up with a seasoned sesame sauce.

62. 더덕구이[deodeok-gui] Grilled Deodeok

Grilled deodeok (a variety of bellflower) root, marinated in a red chili sauce.

63. 돼지갈비구이[dwaeji-galbi-gui] Grilled Spareribs

Grilled spareribs, marinated in soy sauce or red chili sauce.

64. 떡갈비[tteokgalbi] Grilled Short Rib Patties

Ground and grilled short ribs with green onion and garlic with soy sauce.

65. 뚝배기불고기[ttukbaegi-bulgogi] Bulgogi Hot Pot

Bulgogi (beef in a soy sauce marinade) cooked with vegetables and glass noodles, in a broth. It is cooked and served in an earthenware pot.

66. 로스편채[roseu-pyeonchae] Pan-Fried Beef with Vegetables



Lean slices of beef, pan-fried and then eaten with julienned vegetables. It comes with a vinegary soy sauce dip and a mustard sauce.

67. 불고기[bulgogi] Bulgogi

Thin slices of beef, marinated in a soy sauce, and usually grilled at the table.

68. 삼겹살[samgyeopsal] Korean-Style Bacon

Rashers of bacon, grilled at the table and dipped in a mixture of sesame oil and salt.

69. 생선구이[saengseon-gui] Grilled Fish

Grilled salted fish.

70. 소갈비구이[so-galbi-gui] Grilled Beef Ribs

Grilled beef ribs, often marinated in a soy sauce.

71. 오리구이[ori-gui] Grilled Duck

Slices of seasoned duck, typically grilled at the table.

72. 춘천닭갈비[Chuncheon-dak-galbi] Spicy Grilled Chicken

Stir-fried chicken with onion, cabbage, and sweet potato in a spicy red chili seasoning.

73. 황태구이[hwangtae-gui] Seasoned and Grilled Dried Pollock

Dried pollock, soaked and then grilled in a red chili sauce.

74. 감자전[gamjajeon] Pan-Fried Potato

Pancake made with ground potato.

75. 계란말이[gyeran-mari] Rolled Omelette

Thin, rolled omelette made with chopped carrot and spring onion.

76. 김치전[kimchijeon] Kimchi Pancake

Pancake made with finely chopped kimchi.

77. 모듬전[modeumjeon] Assorted Pan-fried Delicacies

Assorted pan-fried delicacies, including beef, fish fillets, mushrooms and zucchini. It comes with a soy sauce and vinegar dip.

78. 빈대떡(녹두빈대떡)[bindaetteok = nokdu-bindaetteok] Mung Bean Pancake

Pancake made with ground mung bean, pork and kimchi. It comes with a soy sauce and vinegar dip.

79. 파전[pajeon] Green Onion Pancake

A colorful pancake consisting of green onion, squid, shrimp, and oyster. It comes with a soy sauce and vinegar dip.

80. 해물파전[haemul-pajeon] Seafood and Green Onion Pancake

Pancake made with green onion and seafood.

81. 생선회[saengseonhoe] Sliced Raw Fish



Thinly-sliced raw fish. It is served with wasabi and soy sauce and a chili and vinegar dip.

82. 육회[yukhoe] Korean Beef Tartare

Julienned raw beef seasoned with salt, garlic, and sesame oil. It is served with Korean pear and garlic on top.

83. 홍어회무침[hongeohoe-muchim] Spicy Skate in Vinegar

Sliced and pickled skate, mixed with radish, Korean pear and minari (Korean parsley) in a red chili seasoning.

84. 겉절이[geotjeori] Fresh Kimchi

Unfermented napa cabbage leaves dressed in kimchi sauce, served as a side dish.

85. 깍두기[kkakdugi] Radish Kimchi

Diced radish kimchi seasoned with chili powder, leek, garlic, and fish sauce.

86. 나박김치[nabak-kimchi] Chilled Water Kimchi

A pink-tinged kimchi made with napa, thinly-sliced radish, minari (Korean parsley), in water.

87. 배추김치[baechu-kimchi] Kimchi

Cured and fermented napa cabbage kimchi, mixed with julienned white radish, leek, garlic, ginger, red chili powder, salt and fish sauce. This is the most common kind of kimchi.

88. 백김치[baek-kimchi] White Kimchi

A mild variety of kimchi, made with cured napa cabbage, Korean pear, and minari (Korean parsley).

89. 보쌈김치[bossam-kimchi] Wrapped Kimchi

Royal court kimchi wrapped around oyster, squid, Korean pear, and radish.

90. 오이소박이[oi-sobagi] Cucumber Kimchi

Cucumber kimchi filled with chives, chili powder and garlic, seasoned with fish sauce.

### 91. 장아찌[jangajji] Pickled Vegetables

Vegetables pickled in either soybean paste, soy sauce or red chili paste. Commonly used vegetables include radish, cucumber, chili, and garlic.

### 92. 간장게장[ganjang-gejang] Soy Sauce marianted Crab

Fresh crab, marinated in a spiced soy sauce seasoning.

### 93 젓갈[jeotgal] Salted Seafood

Salted and fermented seafood side dishes. Commonly used ingredients are clam, shrimp, oyster, and pollock roe.

### 94. 경단[gyeongdan] Sweet Rice Balls



Sticky rice balls, rolled in cinnamon, black sesame, or soybean powder.

### 95. 꿀떡[kkultteok] Rice Cakes with Honey inside

Round, colorful rice cakes containing soft honey centers.

### 96. 백설기[baekseolgi] Snow-White Rice Cakes

Steamed rice cakes.

### 97. 약식[yaksik] Sweet Rice with Nuts and Jujubes

Steamed glutinous rice made with chestnuts, jujubes, pine nuts and cinnamon, in a honey and soy sauce seasoning.

## 98. 화전[hwajeon] Flower Rice Cakes

Round, flat, glutinous rice cakes, decorated with edible flowers. They are often served with syrup.

## 99. 강정[gangjeong] Sweet Rice Puffs

Sweet, hollow puffs made with glutinous rice flour and liquor. They are coated in honey and other ingredients, such as black bean, sesame seed, cinnamon, and pine nuts.

## 100. 다식[dasik] Tea Confectionery

Sumptuous treats made with pine pollen or mung bean flour, and served with tea.

## 101. 약과[yakgwa] Honey Cookies

Deep-fried cookies made with flour, sesame oil, Korean liquor, and honey.

## 102. 녹차[nokcha] Green Tea

Tea made using the youngest and greenest leaves.

## 103. 매실차[maesilcha] Asian Apricot Tea

Sweetened Asian apricot concentrate, diluted with hot or cold water to make a refreshing tea.

## 104. 수정과[sujeonggwa] Cinnamon Punch

A classic, sweet punch, flavored with ginger, cinnamon, and persimmon.

105. 식혜[sikhye] Rice Punch

A traditional, sweet-tasting drink made with malt and rice. It is also known as dansul. Always served cold.

106. 오미자화채[omija-hwachae] Omija Punch

A pink, sweet-and-sour punch made from omija (magnolia fruit) decorated with Korean pear and pine nuts.

107. 유자차[yujacha] Citron Tea

Sweetened citron concentrate, diluted with hot or cold water to make a refreshing tea.

108. 인삼차[insamcha] Ginseng Tea



Traditional tea made from ginseng. A drop of honey is often added.

109. 한정식[hanjeongsik] Traditional Korean Set Menus or Korean Table d'Hote

Slap-up meals (Korean traditional set menus) consisting of rice, stew, soup, plenty of side dishes, and desserts.

# CHAPTER 2 한국 음식의 영문표기
## (English Menu Name of Korean Cuisine)

아래 표는 가나다 순에 의한 한국음식의 영문표기이다.

## 1. 한글 순서별

| 우리말 | 로마자표기 | 영어표기 |
|---|---|---|
| 갈비구이 | Kalbi-kui | grilled beef ribs |
| 갈비찜 | Kalbi-tchim | steamed beef ribs |
| 갈비탕 | Kalbi-tang | beef rib soup |
| 감자국밥 | Kamja-kukpap | rice with potato soup |
| 감자탕 | Kamja-tang | pork bone and potato soup |
| 게장백반 | Kejang-paekpan | rice with seasoned crab |
| 곰탕 | Kom-tang | boiled beef soup |
| 곱창전골 | Kopchang-chon-gol | tripe hot pot (casserole) |
| 구절판 | Kujolpan | nine dish platters |
| 국밥 | Kukpap | rice soup |
| 국수전골 | Kuksu-chon-gol | noodle stew (casserole) |
| 궁중전골 | Kungjung-chon-gol | royal court stew (casserole) |
| 김치볶음밥 | Kimchi-pokkumbap | kimchi fried rice |
| 김치전골 | Kimchi-chon-gol | kimchi stew (casserole) |
| 김치찌개 | Kimchi-tchigae | kimchi stew |
| 꼬리곰탕 | Kkorigom-tang | ox-tail soup |
| 꽃게탕 | Kkotke-tang | blue crab soup |
| 낙지전골 | Nakchi-chon-gol | octopus stew (casserole) |
| 닭갈비 | Tak-kalbi | chicken ribs |
| 닭갈비구이 | Takkalbi-kui | broiled spicy chicken |

| 닭곰탕 | Takkom-tang | chicken soup |
|---|---|---|
| 닭찜 | Tak-tchim | steamed chicken |
| 대구탕 | Taegu-tang | peppery cod soup |
| 도가니탕 | togani-tang | ox-knee bone soup |
| 돌곱창 | tolgopchang | stone-broiled tripe |
| 돌솥비빔밥 | Tolsot-pibimbap | rice mixed with assorted vegetables and meat in a hot stone dish |
| 동태찌개 | Tongtae-tchigae | pollack stew |
| 동태찌개 백반 | Tongtaetchigae-paekpan | rice with pollack stew |
| 돼지갈비 | Twaeji-kalbi | pork ribs |
| 된장찌개 | Toenjang-tchigae | soybean paste stew |
| 된장찌개 백반 | Toenjangtchigae-paekpan | rice with soybean paste stew |
| 따로국밥 | Traro-kukpap | rice with beef and vegetable soup |
| 로스구이 | Rosu-kui | roasted beef |
| 만두국 | Mandu-kuk pork | dumpling soup |
| 매운탕 | Maeun-tang | peppery soup |
| 모듬전골 | Modum-chon-gol | assorted stew (casserole) |
| 물냉면 | Mul-naengmyon | noodles in chilled broth |
| 미역국 | Myok-kuk | seaweed soup |
| 버섯전골 | Posot-chon-gol | mushroom stew (casserole) |
| 보리밥 | Poribap | barley with vegetables and soybean paste soup |
| 복매운탕 | Pokmaeun-tang | peppery swellfish soup |
| 볶음밥 | Pokkumbap | fried rice |
| 불갈비 | Pul-kalbi | grilled beef ribs |
| 불고기 | Pulgogi | barbecued beef |
| 불고기덮밥 | Pulgogi-toppap | rice topped with barbecued beef |
| 비빔냉면 | Pibim-naengmyon | buckwheat noodles with hot sauce |
| 비빔밥 | Pibimbap | rice mixed with assorted vegetables and meat |
| 사골탕 | Sagol-tang | bone broth |
| 산채비빔밥 | Sanchae-pibimbap | rice mixed with mountain vegetables |
| 삼겹살 | Samgyopsal | grilled sliced pork |
| 삼계탕 | Samgye-tang | ginseng chicken soup |
| 삼치구이 | Samchi-kui | broiled mackerel |
| 상추백반 | Sangchu-paekpan | rice with lettuce and other vegetables |
| 생등심 | Saengdungshim | fresh tenderloin |

| 생선구이 | Saengson-kui | broiled fish |
|---|---|---|
| 생선매운탕 | Saengson-maeuntang | peppery fish soup |
| 생선알탕 | Saengson-al-tang | fish roe soup |
| 선짓국 | Sonji-kuk | ox-blood soup |
| 설렁탕 | Sollong-tang | beef stock soup |
| 소갈비 | So-kalbi | beef ribs |
| 소고기전골 | Sogogi-chon-gol | beef stew (casserole) |
| 소금구이 | Sogum-kui | salted grilled meat |
| 소머리국밥 | Somori-kukpap | rice with ox-head soup |
| 수육 | Suyuk | sliced boiled beef |
| 생선찌개 | Saengson-tchigae | fish stew |
| 순두부백반 | Sundubu-paekpan | rice with soft bean curd stew |
| 순두부찌개 | Sundubu-tchigae | soft bean curd stew |
| 신선로 | Shinsollo | casserole dish |
| 쏘가리매운탕 | Ssogari-maeuntang | peppery mandarin fish soup |
| 아구찜 | Agu-tchim | spicy steamed angler fish |
| 아구탕 | Agu-tang | peppery angler fish soup |
| 양곱창구이 | Yanggopchang-kui | broiled tripe |
| 양송이볶음밥 | Yangsong-i-pokkumbap | mushroom fried rice |
| 어묵국 | Odeng-kuk | fish sausage soup |
| 어묵백반 | Odeng-paekpan | rice with fish sausage |
| 열무비빔밥 | Yolmu-pibimbap | rice mixed with radish leaves |
| 오골계탕 | Ogolgye-tang | black chicken soup |
| 오리구이 | Ori-kui | broiled duck |
| 오징어덮밥 | Ojing-o-toppap | rice topped with |
| 오징어볶음 | Ojing-o-pokkum | seasoned cuttlefish |
| 오징어볶음밥 | Ojing-o-pollkkumbap | spicy fried cuttlefish |
| 우거지갈비탕 | Ugoji-kalbitang | cuttlefish fried rice |
| 우거지국 | Ugoji-kuk | beef rib and cabbage soup |
| 우거지국밥 | Ugoji-kukpap | outer leaf of cabbage soup |
| 우족탕 | Ujok-tang | hock soup |
| 육개장 | Yukkaejang | peppery beef soup |
| 육회 | Yukhoe | minced raw beef |
| 점보갈비 | Jombo-kalbi(Jumbo kalbi) | jumbo beef ribs |
| 제육덮밥 | Cheyuk-toppap | rice topped with |
| 제육볶음밥 | Cheyuk-pokkumbap | seasoned pork spicy pork fried rice |
| 족발 | Chokpal | steamed pork hocks |

| 징기스칸 | Zingiskan | Zingiskan |
|---|---|---|
| 청국장 | Chongguk-chang | fermented soybean-paste soup |
| 추어탕 | Chuo-tang | mudfish soup |
| 카레볶음밥 | Kare-pokkumbap | curry fried rice |
| 콩나물국 | Kongnamul-kuk | bean-sprout soup |
| 콩나물비빔밥 | Kongnamul-pibimbap | rice mixed with seasoned bean sprouts |
| 토란탕 | Toran-tang | taro soup |
| 한정식 | Hanjongshik | Korean table d' hote |
| 해물매운탕 | Haemul-maeuntang | peppery shellfish and seafood soup |
| 해물잡탕 | Haemul-chaptang | shellfish and seafood hot pot |
| 해물전골 | haemul-chon-gol | shellfish and seafood stew(casserole) |
| 해장국 | Haejang-kuk | hangover soup |
| LA갈비 | erei-kalbi(LA-kalbi) | LA-style beef ribs |

# 찾아 보기

## A



## B



## C



## D



## E

# T



# V



# W



# ㄱ



# ㄷ



# ㄹ



# ㅁ



# ㅂ



# ㅅ

## ㅇ



## ㅈ



## ㅊ



## ㅋ





## ㅌ



## ㅍ



## ㅎ

# 요리명 찾아 보기

## I



## J



## K



## L



## M



## N



## P



## R



## S

[제3개정판]

NEW 호텔조리 실무영어

2011년 3월 15일 초 판 발행
2012년 9월 1일 수정판 발행
2015년 2월 25일 제2개정판 발행
2018년 3월 20일 제3개정판 발행

저 자 김상철 · 강원철 · 김경환 · 박인수 · 안종철 · 안형기
오승우 · 이자재 · 정중근 · 정진구 · 최태호 · 하대중

발행인 주 병 오

발행처 ㈜지구문화 JIGU CULTURE Co.Ltd

경기도 파주시 회동길 209
파주출판문화정보산업단지
영업부 (031) 955-7566 · 7577
편집부 (031) 955-7731
FAX (031) 955-7730

등록번호 1979년 7월 13일 제 9-57 호

ISBN 978-89-7006-742-1 정가 26,000 원